内向自闭孩子的
游戏训练指导书

Game training instruction
for the introverted children

白婧霖 编著

游戏是生活的预演

中国纺织出版社有限公司

内 容 提 要

对于内向自闭的孩子来说，他们可能会拒绝学习，拒绝社交，但不会拒绝游戏。游戏是儿童早期发展的重要途径，其本质是玩与乐趣。让内向自闭的孩子从游戏中体会到乐趣，学习到勇敢、坚强、自信，从而与人建立良好的沟通关系，提高社交技能，是本书的重心所在。

本书着重指导父母在日常生活中利用各种资源与内向自闭的孩子一起做游戏，让他们打开心扉，并在游戏中促进他们各方面能力的发展。同时，本书也可以让那些不知如何教导内向自闭孩子的父母找到方向和灵感。最后，希望本书能对你有所帮助。

图书在版编目（CIP）数据

内向自闭孩子的游戏训练指导书 / 白婧霖编著 .-- 北京：中国纺织出版社有限公司，2022.3
ISBN 978-7-5180-9175-1

Ⅰ. ①内… Ⅱ. ①白… Ⅲ. ①游戏—儿童教育—家庭教育 Ⅳ. ①G781

中国版本图书馆CIP数据核字（2021）第246166号

责任编辑：闫 星　责任校对：高 涵　责任印制：储志伟

中国纺织出版社有限公司出版发行
地址：北京市朝阳区百子湾东里A407号楼　邮政编码：100124
销售电话：010—67004422　传真：010—87155801
http://www.c-textilep.com
中国纺织出版社天猫旗舰店
官方微博 http://weibo.com/2119887771
三河市延风印装有限公司印刷　各地新华书店经销
2022年3月第1版第1次印刷
开本：880×1230　1/32　印张：6
字数：86千字　定价：39.80元

凡购本书，如有缺页、倒页、脱页，由本社图书营销中心调换

前言

在家庭教育中，我们都希望自己的孩子能自信大方、积极向上，因为这是高情商的体现。心理学的研究表明，积极的孩子开朗、活泼；对待生活热情，不怕失败，敢于尝试；对事物充满极大的兴趣，创新意识较强，他们在学校的表现往往比较好，长大了也容易获得成功。我们还发现，那些成功人士，无不有着积极的心态，而他们积极的心态，是在经历了人生的磨难和生活的历练以后获得的，而相反，现在很多家庭，父母辛苦打拼，全部心血都是为了孩子。家长满足孩子的一切要求，好吃的、好穿的、好玩的，甚至还想要给孩子留下一笔可观的财产。父母想着孩子的一辈子，可是这样优越的生长环境，却造成了孩子心灵上的空虚，他们内向自闭，凡事悲观消极、闷闷不乐。

作为家长，在儿童的成长过程中我们不能只注重孩子的健康和智商，而忽略了影响孩子一生的至关重要一点，那就是孩子健康的心理。

我们发现，事实上，那些内向自闭的孩子似乎生活在自己的世界里，不接受他人的善意、交流和拥抱，不喜欢参与人际交往。有的孩子甚至有自闭症倾向，面对孩子这样的表现，很多父母心急如焚。身边的人会对你投来同情或责备的目光，它们刺痛着你的心……但即使如此，你也千万别放弃，伸出你的手，放慢你的脚步，耐心学习，指导他成长……

然而，一些父母可能会问，如何指导这些内向自闭的孩子呢？

事实上，他们可能会拒绝朋友，拒绝社交，但不会拒绝游戏。游戏对于幼儿之所以魅力无穷，就是因为幼儿的自主性可以在游戏中得到充分的体现和发挥。在游戏中，幼儿自主自愿地从事自己喜欢的活动，支配控制自己的行为。让幼儿自主地游戏，成为游戏的主人，这种观念已被人们普遍地接受和认同。

教育心理学家认为，父母如果能学习一些游戏操作方法，并且可以像专家一样有效地将游戏运用到孩子的培养中，那么，这对于内向自闭的孩子来说无疑是一种福音，而这也是我们编写本书的初衷。

本书立足于儿童心理健康，指导父母运用游戏的方法训练内向自闭的孩子打开心扉，获得自信、勇气和坚强的意志力，进而让孩子健康快乐地成长。最后，你要相信，你的孩子会一点点进步，会与你交流，会对你微笑，最终你会为他的成长感到幸福与骄傲！

编著者
2022年1月

目录

第01章
用对教育方法，性格内向自闭的孩子也可以很阳光 / 001

儿童自闭症是怎么回事 / 002

对于内向的孩子，如何纠正他的自闭倾向 / 007

及早重视孩子的情感需求 / 012

抑郁是孩子快乐的最大杀手 / 017

引导儿童学会保持乐观的生活态度与情绪 / 021

游戏，是孩子快乐的源泉 / 026

第02章
儿童自信心培养游戏：自信阳光的孩子更受人欢迎 / 031

比赛喊口号：让孩子从潜意识建立自信 / 032

复述故事：让孩子获得成就感和自信心 / 035

接龙：随时随地都能玩的游戏 / 038

过家家游戏：让孩子在游戏中学会解决生活问题 / 040

角色换位游戏：让孩子获得满足感 / 043

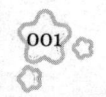

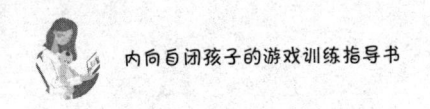

挑战不可能：帮助孩子突破舒适区，提高自信 / 046

一次国王的体验：让孩子在被赞美中获得自信 / 048

打破气球：让孩子学会认可自己 / 051

我爱表演：众人面前表演能提升孩子的自我认同感 / 054

自制布娃娃：有助于提升孩子的自信和成就感 / 057

第03章
儿童表达能力训练游戏：鼓励孩子大胆开口 / 061

小小主持人：训练孩子在众人面前大方表达的能力 / 062

小小营业员：让孩子获得与他人对话的自信 / 064

介绍自己的相册：培养孩子连贯表达的能力 / 066

吹气游戏：训练孩子的口腔肌肉 / 068

卖柿子：帮助孩子练习准确发音 / 071

小小演讲家：让孩子学会自由谈论 / 073

广播电台：让孩子学会生动地讲述和朗诵 / 075

橱窗里有什么：帮助孩子学会有逻辑地表达 / 077

绕口令：锻炼孩子的口齿灵活度 / 079

动物接龙：让孩子自发对事物产生想象并进行表达 / 081

声音模仿游戏：训练孩子学会准确地发音 / 083

第04章

儿童勇气培养游戏：让孩子告别胆怯懦弱 / 085

勇救小精灵：培养孩子勇敢、助人为乐的精神 / 086

射击目标：锻炼孩子向困难挑战的勇气 / 089

篮球明星：让孩子在跳跃中提升胆量 / 092

勇敢小兔子：鼓励孩子勇敢面对问题 / 094

小袋鼠找妈妈：培养孩子的勇敢精神 / 096

寻找宝藏：激发孩子一步步探究的兴趣 / 098

摘果子：锻炼孩子的平衡力和勇气 / 100

击鼓传花：锻炼孩子的即兴表演能力和勇气 / 102

捉迷藏：引导孩子乐于探险 / 105

传球：培养孩子坚强的个性和冒险精神 / 108

第05章

儿童社交技能训练游戏：培养受人欢迎的孩子 / 111

感官运动游戏：帮助孩子获得控制周边环境的能力 / 112

爱心医院：通过角色游戏提升孩子的社会交往能力 / 115

小小东道主：让孩子学会招待客人 / 118

一起画画：难得的亲子时光 / 121

一起插花：在开启儿童审美启蒙的同时拉近亲子距离 / 123

小朋友爱干净：让孩子明白干净整洁才会被喜欢 / 125

猜猜我是谁：加强孩子与家人的交流沟通 / 127

丢沙包：让孩子学会与人进行社交互动 / 129

可怜小猫：让孩子在游戏中建立友谊 / 132

第06章
儿童合作技能训练游戏：尽早培养孩子与人合作的意识与能力 / 135

搬运大箱子：让孩子获得互相帮助的满足感 / 136

筷子滚乒乓球：考验孩子的沟通合作能力 / 139

猜五官：让孩子学会信任他人 / 141

开火车游戏：让孩子学会遵从团队规则 / 144

顶球竞走：训练孩子的集体观念与团体协作能力 / 146

踩气球：增进孩子的团队协作能力 / 148

拔河比赛：培养孩子的集体荣誉感 / 150

跳井游戏：从家庭开始训练孩子的集体意识 / 153

街边小店：让孩子学会分享 / 155

第07章

儿童耐挫力提升游戏：培养意志坚强的孩子 / 159

木头人游戏：训练孩子的耐力与专注力 / 160

串彩珠：磨炼孩子的耐心和创造力 / 163

扔硬币游戏：让孩子明白输赢都是常态 / 165

假笑游戏：逆转孩子的低落情绪 / 168

爬山游戏：磨炼孩子的意志力 / 170

搭积木：提升孩子的抗挫折能力 / 173

滑板游戏：培养孩子的抗击打心态和探索精神 / 176

参考文献 / 179

第01章

用对教育方法，性格内向自闭的孩子也可以很阳光

有人说，成长是一个美妙的过程，而对于作为教育者的父母来说，这个过程却是艰辛而忙碌的。我们都希望孩子健康快乐地成长，然而，一些父母为孩子的性格担心，这些孩子内向自闭、阴郁、悲观，不愿意与其他小朋友交流。教育这样的孩子，光靠说教和告诫是行不通的，光靠给孩子提供良好的物质基础也是不够的，还需要我们关注孩子的心理成长，找对教育方法，尤其是要寓教于乐，通过游戏逐渐建立起亲子间的融洽关系，进而让孩子的性格逐渐阳光起来。

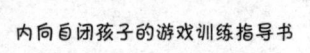

儿童自闭症是怎么回事

在家庭教育中,很多父母发现,那些活泼的孩子往往口齿伶俐、表达能力强,而一些内向、不善表达的孩子,在学习能力和思维能力上也有所欠缺,学习成绩往往也不理想。为此,教育专家提出,培养孩子积极阳光的个性,对于提升孩子的智力水平大有裨益。然而,还有这样一些家长,他们为孩子不开口说话、封闭在自己的世界里而感到苦恼,更别说奢望孩子能有好的学习成绩和人际关系了。

对此,教育心理学家认为,如果孩子存在不同程度的言语发育障碍、人际交往障碍、兴趣狭窄和行为方式刻板等,很有可能是患了儿童自闭症。

那么,什么是儿童自闭症呢?

儿童自闭症又称儿童孤独症,是广泛性发育障碍的一种亚型,以男性多见,起病于婴幼儿期。约有3/4的患儿伴有明显的精神发育迟滞,部分患儿在一般性智力落后的背景下某方面具有较好的能力。

每1万名孩童中约有3~4名患有自闭症。但据统计,最近几年来,患病率呈现增高的趋势,据美国国立卫生研究院精神健康研究所(NIMH)的数据,美国自闭症患病率在1‰~2‰。国内未见自闭症的全国流调数据,只有部分地区的调查数据,比如,2010年报道,广东自闭症患病率为0.67%,深圳地区高达1.32%。

虽然自闭症的病因还不完全清楚,但目前的研究表明,某些危险因素可能同自闭症的发病相关。

1. 遗传

遗传因素在自闭症的发病机制中占有很大的比例,但具体遗传方式暂时未发现。

2. 围产期因素

围产期各种并发症,如产伤、宫内窒息等情况在自闭症群体中出现得较正常对照组多。

3. 免疫系统异常

研究在自闭症患者中发现T淋巴细胞数量减少、辅助T细胞和B细胞数量减少、抑制-诱导T细胞缺乏、自然杀伤细胞活性降低等现象。

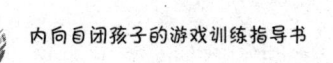

4. 内分泌和神经递质

自闭症也与多种神经内分泌和神经递质功能失调有关。研究发现孤独症患者的单胺系统，如5-羟色胺（5-HT）和儿茶酚胺系统发育不成熟，松果体—丘脑下部—垂体—肾上腺轴异常，导致5-HT、内啡肽增加，促肾上腺皮质激素（ACTH）分泌减少。

那么，自闭症儿童有什么表现呢？

1. 语言障碍

语言与交流障碍是自闭症的重要症状，是大多数儿童就诊的主要原因。语言与交流障碍可以表现为多种形式，多数孤独症儿童有语言发育延迟或障碍，通常在2~3岁时仍然不会说话，或者在正常语言发育后出现语言倒退，在2~3岁以前有表达性语言，随着年龄增长逐渐减少，甚至完全丧失，沉默不语或在极少数情况下使用有限的语言。他们对语言的感受和表达运用能力均存在某种程度的障碍。

2. 社会交往障碍

患者不能与他人建立正常的人际关系。他们年幼时即表现出与别人无目光对视，表情贫乏，缺乏期待父母和他人拥抱、爱抚的表情或姿态，也无享受到爱抚时的愉快表情，甚至对父母和别人的拥抱、爱抚予以拒绝。他们分不清亲疏关系，对待亲人与其他人都是同样的态度。他们不能与父母建立正常的依恋关系，也难以建立正常的伙伴关系，具体表现为多独处，不喜欢与同伴一起玩耍；看见其他儿童在一起兴致勃勃地做游戏时，没有去观看的兴趣或去参与的愿望。

3. 兴趣范围狭窄和刻板的行为模式

患儿对于正常儿童喜欢玩的游戏都提不起兴趣，而对于那些非玩具性的物品，如一个瓶盖，或转动的电风扇等，可以持续关注很久，短则十几分钟，长达几个小时。他们对玩具的主要特征不感兴趣，却十分关注非主要特征。患儿有一些强迫症状，比如进入房间要看到床上被子都保持不变，出门在外要保持固定的行程路线，如果这些固定的活动被更改或者限制，患儿会表示出明显的不愉快和焦虑情绪，甚至出现反抗行为。

患儿在日常行为中常表现出动作重复的特点，比如反复拍手、跺脚、转圈、用舌头舔墙壁等。

4. 智能障碍

自闭症儿童的智力水平参差不齐，一些患儿在正常智力范围内，而一些患儿则表现出不同程度的智力障碍。

一项研究对一些自闭症儿童进行了智力测验，发现其中一半的患儿有中度以上的智力缺陷（智商小于50），1/4为轻度智力缺陷（智商为50~69），另外1/4智力正常（智商大于70），

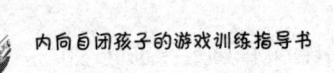

智力正常的孤独症被称为高功能孤独症。

总的来说，父母要注意，如果你的孩子性格内向且伴有以上表现，那么，你一定要警惕孩子是否患有儿童自闭症。

对于内向的孩子，如何纠正他的自闭倾向

生活中，当有些家长在埋怨孩子贪玩、不专心学习、太依赖人的时候，也有家长正在为他们的孩子不说话、不理人，行为怪僻而万分苦恼。第二种孩子也许具有自闭倾向。

那么，孩子为什么会出现自闭倾向呢？我们来看下面的案例。

6岁的琴琴是个胆小怕羞的孩子。有一天她随妈妈出门，遇见了妈妈的一位朋友。妈妈与朋友攀谈起来，琴琴胆怯地躲在妈妈身后，低头吸着大拇指。妈妈说："琴琴，这是丁阿姨，问阿姨好。"琴琴只是抬头看了阿姨一眼，就又低下头，继续吸她的手指。妈妈好言相哄，让琴琴走过来，但琴琴只是摇头。妈妈感到尴尬，可又不好在朋友面前发作，只好向她的朋友道歉说："琴琴是个胆怯的孩子，我想她是不好意思。"

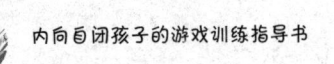

妈妈这么一说，无疑强化了琴琴的胆小怕羞。

很多家长错误地把孩子的内向胆小当作一个大的缺点来对待，急于纠正，但又方法不当。常常人前人后地提醒孩子，有的还强迫孩子在陌生人面前表现自己。当孩子不肯表现的时候，家长为了给自己一个台阶下，又当着别人的面说孩子内向胆小。这样不但不能纠正孩子的胆小怕羞，反而会强化孩子的自我认知，使孩子变得更加内向胆小。

其实，孩子有自闭倾向很有可能是不良教养方式形成的结果。如父母自身有手机依赖，常常沉默，忽略与孩子的沟通，这对孩子教养非常不利。

那么，父母应如何纠正自身的教养方式呢？具体来说，可以遵循以下这些建议。

1. 帮助孩子树立自信心

有自闭倾向的孩子往往有自卑的心理特点，对自己是否有能力完成某些事情表示怀疑，结果可能会由于心理紧张、拘谨，使得原本可以做好的事情弄糟了，久而久之，他们就会封闭内心，不再尝试了。

因此，父母要教导孩子在做一些事情之前为自己打气，相信自己有能力发挥自己的水平，然后按照自己的想法去努力就可以了。

2. 经常和孩子沟通

和孩子沟通，能让孩子感觉到这个世界有人在关注、关心他。就算他不愿意多说，父母也要不厌其烦地去说，让孩子知道语言的世界是多么美妙。

3. 多带孩子出去玩

让孩子多接触大自然，会让孩子感到心情开阔，从而使他们的精神慢慢地放松，从自己的世界走出来。

4. 扩大孩子的交际和接触面

一般来说，自闭倾向的孩子面对众多目光只是觉得不安，并非讨厌赞美和掌声，您只要看看他们投向同伴的目光就知道了。因此，家长应有意识地扩大孩子接触面，让孩子经常面对陌生的人与环境，逐渐减轻不安心理。闲暇时，带孩子和邻居聊上几句，帮孩子与同龄朋友一起玩耍，建立友谊；购物时甚至可以让孩子帮忙付钱；经常到同事、亲戚家串门；节假日，一家三口背上行囊去旅游，让孩子置身于川流不息的游客潮中……随着见识的增长，孩子面对别人的目光时，便会多几分坦然。

5. 鼓励孩子多交朋友

交朋友是让孩子知道这个世界上还有那么多的人，和别人在一起玩比自己一个人玩有意思得多。

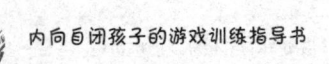

6. 多让孩子看一些英雄故事

这样可以激发孩子的英雄气概，让他懂得帮助别人是一件多么有意义的事情。

7. 对孩子态度要好

千万不要因为孩子的行为而训斥孩子，因为对于内向的孩子，你越是没耐心，他就越是容易把自己关起来。

另外，当孩子不能大方与人交流时，父母不要斥责孩子。一些内向的孩子在与人交往时表现得扭捏、胆小且自信心不足，父母一味指责只会让孩子的自信心再次受到打击。可以想象，一个自信心严重受创的孩子，又怎么可能变得开朗大方呢？

8. 切忌与同龄孩子对比或者辱骂孩子

我们应该不失时机地与孩子沟通，给孩子以鼓励和赞扬，帮助并引导孩子努力克服自身的弱点，尽可能避免孩子因胆怯所造成的心理紧张，帮助孩子健康成长。

9. 多鼓励孩子在众人面前表演

有了家长的肯定，如果再加上外人广泛的认可，孩子的自信心会得到强化。带孩子走出小家，鼓励他迎着外人的目光勇敢地展示自己，这个过程可能较长，孩子的表现也会有反复，家长应有充分的心理准备。不妨先从孩子较为熟悉的环境入手，亲友聚会是个不错的选择，面对熟识的人孩子会比较放松。

第 01 章
用对教育方法，性格内向自闭的孩子也可以很阳光

另外，教育专家建议，对于年幼的、内向的、有自闭倾向的孩子，父母最好激发起孩子改变的意愿，这需要父母寓教于乐，从孩子最喜欢的游戏活动入手，无论对于什么性格类型的孩子，喜欢玩都是他们的天性。当然，我们要循循善诱，不可强求孩子参与到游戏中，尤其是在有其他人在场的情况下，众人期盼的目光或是善意的笑声都有可能加重孩子的排斥心理。如果孩子还是拒绝，家长不要再施加压力，给孩子个台阶下："是不是今天没有准备好呀？那下次准备好时再唱吧。"同时，为了减轻孩子的负面情绪，还可以给他一个微笑或拥抱，或找出别的理由对孩子进行肯定。

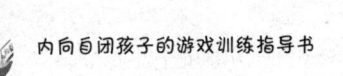

及早重视孩子的情感需求

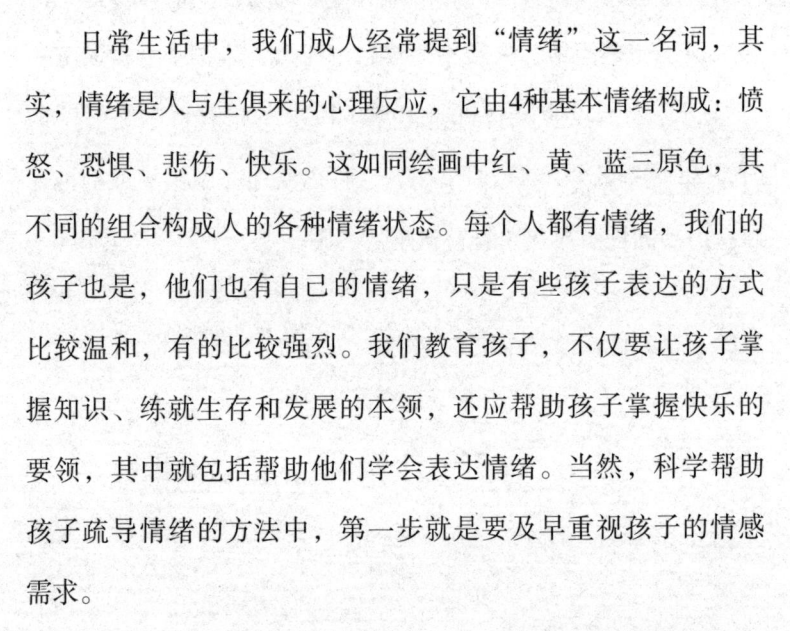

日常生活中，我们成人经常提到"情绪"这一名词，其实，情绪是人与生俱来的心理反应，它由4种基本情绪构成：愤怒、恐惧、悲伤、快乐。这如同绘画中红、黄、蓝三原色，其不同的组合构成人的各种情绪状态。每个人都有情绪，我们的孩子也是，他们也有自己的情绪，只是有些孩子表达的方式比较温和，有的比较强烈。我们教育孩子，不仅要让孩子掌握知识、练就生存和发展的本领，还应帮助孩子掌握快乐的要领，其中就包括帮助他们学会表达情绪。当然，科学帮助孩子疏导情绪的方法中，第一步就是要及早重视孩子的情感需求。

从儿童心理发展的角度来看，对自己的情绪体验得越多，孩子的心态发展就会越成熟。每一次强烈情绪的经历，都是一次宝贵的经验。如果我们允许儿童完整地体验自己的情绪，接纳并认可自己的感受，将有助于他们认知事物、总结规律、提

炼经验，有助于他们今后遇到同类境况时做出理智的分析和恰当的反应，有助于他们获得坚实的自信心。

相反，假如我们不允许甚至是遏制孩子体验或表达情绪，并非意味着他面对同样状况时就没有情绪了；我们只是暂时地压抑了孩子的情绪。孩子也会感受到，自己这些情绪是可憎的，甚至认为自己是可憎的。然而他缺乏控制情绪的能力和经验，强行忍受着内心的煎熬，绝望地感到自己无能为力，会产生自卑。孩子将来长大了，面对内心依然会产生的强烈情绪反应，会感到不知所措，也会感到羞愧难当；既不知道怎样表达，也不知道怎样处理。压抑良久，会产生各种心理问题。

帮助孩子认识和表达情绪，我们可以遵循这几个步骤。

1. 教孩子学会表达自己的感觉

在日常生活中，父母可以多和孩子聊天，或适时问孩子："你现在是什么感觉啊？""你喜不喜欢？""什么事情让你这么生气？"还可以通过讲故事、编故事、角色扮演等游戏教给孩子疏导情绪的方法。有时还可以通过交换日记、写纸条的方式说说高兴和不高兴的事。如此一来，孩子也就逐渐学会如何用"讲道理"的方式表达自己的心情。

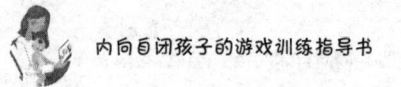

2. 让孩子认识情绪，表达情绪

通过亲子之间的对话让孩子正确认识各种情绪，说出自己心里此时此刻真实的感受。只有知所想，才能知何解。平时，父母可以在自己或他人有情绪的时候，趁机引导孩子知道"妈妈好高兴哦""嗯，我很伤心"等，让孩子知道原来人是有那么多情绪的，还可以通过句式"妈妈很生气，因为……""我感到有点难过，是因为……"来告诉孩子自己的情绪来源，同时也可以问孩子："你是什么感觉啊？""妈妈看见你很生气、难过，能告诉我发生了什么事吗？"等，引导孩子表达自己的情绪并发现自己情绪的原因，提高孩子的情绪敏感度。

3. 培养孩子体察他人情绪的能力

对于这一点，我们可以通过游戏的方式帮助孩子获得。我们可以让孩子在丰富多彩的游戏活动中体验自己的情绪，感受别人的情绪，知道自己和他人的需要。除了父母与孩子要交流自己的情绪感受外，还可以通过说故事、编故事、角色扮演和与孩子讨论故事中人物的感觉、前因后果及利用周围的人、事、物，来引导孩子设想他人的情绪和想法。从他人的情绪反应中，孩子会逐渐领悟到积极情绪能让自己和对方快乐，消极情绪会让自己和对方痛苦，不利于事情的解决。

4. 教会孩子适当宣泄不良情绪

人在精神压抑的时候，如果不寻找机会宣泄情绪，会导致身心受到损害。生理学研究表明，人的泪水含有的毒素比较多，用泪水喂养小白鼠会导致癌症。可见，在悲伤时用力压抑自己，忍住泪水是不合适的。另外，在愤怒的时候，适当的宣泄是必要的，不一定要采取大发脾气的方法，可以采用其他一些较好的方法。所以，家长不妨引导孩子采取以下方法发泄自己的情绪：比如，在孩子盛怒时，让他赶快跑到其他地方，或找个体力活来干，或者干脆让他跑一圈，这样就能把因盛怒激发出来的能量释放出来；同时，如果孩子不高兴或是遇到了挫折，你可以把他的注意力转移到其他活动上去。例如：当孩子在厨房里吵闹着要玩小刀时，妈妈可以把他带到一水池的肥皂泡面前分散他的注意，他很快会安静下来。另外，场景的迅速改变也能达到同样的目的——安静地把孩子从厨房带到房间里去，那里有许多吸引他注意的东西，玩具恐龙、图书都可以让他忘记刚才的不愉快。

当然，让孩子发泄自己的情绪，并不意味着家长可以忽视孩子那些不正确的行为。过激的情绪，甚至消极情绪都是生活中很平常的，但是伤害和破坏性的行为是绝对不被允许和容忍的。

其实，情绪无所谓对错，只有表现的方式是否能被人接受。家长在教育孩子的时候，一定要接受孩子的多面性情绪，引导孩子把消极情绪转化为积极情绪，唯有正视情绪表达的所有面貌，健康的情绪发展才有可能，唯有能够驾驭自己情绪的孩子，才能够成为有自我控制力的孩子！

抑郁是孩子快乐的最大杀手

为人父母，我们都希望孩子能快乐、健康地成长，这也是我们最大的心愿，然而，一些父母发现，孩子有时会莫名其妙地悲伤，对什么都提不起兴趣。此时，大部分父母可能认为孩子只是情绪差而已，殊不知，你的孩子有可能正在被抑郁症侵蚀。儿童心理学家告诉我们，抑郁心态已经成为了儿童健康成长的重大障碍之一。

有研究统计出，大约有16%的儿童和青少年患有抑郁症。不过未成年人身上的抑郁症，与成年人的表现又是不同的。那么，儿童抑郁症的表现有哪些？下面是相关专家做出的详细解答。

情绪表现：目光低垂、敏感、胆怯、孤独感强、喜欢哭闹、注意力涣散、易激怒、易受惊吓，常伴有自责自罪感，认为自己笨拙、愚蠢，灰心丧气，自暴自弃，唉声叹气，对周围的人和事不感兴趣、退缩、抑制，没有愉快感等。

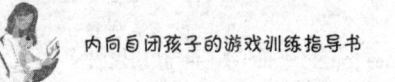

行为表现：喜欢独处、不愿意社交和去学校、好动、好攻击别人、故意回避熟人、不服从管教、冲动、逃学、表达能力差、成绩差、记忆力下降、离家出走，甚至有厌世和自残、自杀行为等。

躯体表现：睡眠障碍、食欲低下、体重减轻、疲乏无力、胸闷心悸、头痛胃痛、恶心、呕吐、腹泻等。

生活中，一些孩子也可能出现其他症状，但无论任何形式，有抑郁症症状的孩子都会感到孤独、恐惧和不快乐。抑郁的孩子不知道自己哪里不对，他只知道自己的感觉糟透了，不像以前的自己。当他感觉越来越糟的时候，他会感到自己越来越没有力量，不能控制自己的心情和生活，好像有一种神奇的东西在控制自己。

可见，抑郁这种消极心态对孩子成长会有多么严重的影响，家长帮助孩子赶走抑郁刻不容缓，这才能帮助孩子重新找回快乐。那么，家长应该怎样做呢？

1. 让孩子爱好广泛

开朗乐观的孩子心中的快乐源自各个方面，一个孩子如果仅有一种爱好，他就很难保持长久快乐，试想，一个只爱看电视的孩子如果当晚没有合适的电视节目看，那么他就会郁郁寡欢，但如果他还能热衷体育活动，或饲养小动物，或参加演

剧，那么他的生活将变得更为丰富多彩，由此他也必然更为快乐。

2. 引导孩子摆脱困境

即使天性乐观的人也不可能事事称心如意，但他们大多能很快从失意中重新奋起，并把一时的沮丧丢在脑后。父母最好在孩子很小的时候就注意培养他们应付困境乃至逆境的能力。要是一时还无法摆脱困境，那么，可教育孩子学会忍耐和随遇而安，或在困境中寻找另外的精神寄托，如参加运动、游戏、聊天等。

3. 让孩子拥有自信

一个自卑的孩子往往不可能开朗乐观。这就从反面证实拥有自信与快乐性格的形成息息相关，对一个智力或能力都有限，因而充满自卑的孩子，父母务必多多发现其长处，并审时度势地多表扬和鼓励他，来自父母和亲友的肯定有助于孩子克服自卑、树立自信。

4. 不要对孩子"控制"过严

不妨让孩子在不同的年龄段拥有不同的选择权。如，允许2岁的孩子选择午餐吃什么，允许3岁的孩子选择上街时穿什么衣服，允许4岁的孩子选择假日去什么地方玩，允许5岁的孩子自己决定要什么玩具，允许6岁的孩子选择看什么电视节目……只有从小就享有选择"自由"的孩子,才会感到快乐。

5. 鼓励孩子多交朋友

不善交际的孩子大多性格抑郁,因为享受不到友情的温暖而孤独痛苦。性格内向、抑郁的孩子更应多交一些性格开朗、乐观的同龄朋友。

6. 教会孩子与他人融洽相处

与他人融洽相处有助于培养快乐的性格,因为与他人融洽相处者心中较为光明。父母可以带领孩子接触不同年龄、性别、性格、职业和社会地位的人,让他们学会与不同的人融洽相处。此外,父母自己应与他人相处融洽,热情待客、真诚待人,给孩子树立好榜样。

所以,当孩子出现一些抑郁症状时,家长应加以重视,多鼓励孩子,发现并表扬孩子的优点,树立孩子的自信心。家长可为孩子选择有趣、价值观积极的影视节目或图画书,建立轻松愉悦的生活环境。让孩子记录自己的优点,记录一些愉快的事情,并每天拿出来看一看,建立自信和良好的情绪。

引导儿童学会保持乐观的生活态度与情绪

我们知道，积极的情绪体验能够激发人体的潜能，使人保持旺盛的体力和精力，维护人的心理健康；消极的情绪体验只能使人意志消沉，有害身心健康，甚至会导致严重的心理问题。为此，学会保持乐观的生活态度与情绪，无论是对于成人，还是孩子来说，都是十分重要的。

的确，无论成年人或儿童，不可能总是快乐无忧，我们都希望能够帮助孩子学会调节自己的情绪。相对于成人来说，孩子的喜怒哀乐通常是很真实的，往往直接支配着他的行为，无论是快乐还是悲伤，他们都会挂在脸上，而在我们成人看来，一件很小的事，可能就会引发他们强烈的情绪波动。

有研究表明，一个人在童年时期的情绪掌控能力，与之在成年后是否快乐、能否健康生活有着很大的关系。也就是说，孩子在成长过程中，学会管理自己的情绪对他的人生幸福至关重要。其实，孩子在生活中，不但要体验快乐，还要体验难过、沮丧、愤怒等。有些孩子一旦受到挫折，就会十分难过，然后习惯性用暴力来发泄内心的不快，不但给家人、同学带来困扰，也影响自己的人际关系。这并不是情绪本身的错，而是因为这些孩子不懂得表达和调节自己的情绪。

儿童教育学的最新研究指出，孩子在6岁以前的情感经验对他的一生有长远的影响，这一期间的孩子如果易怒、暴躁、悲观、胆怯或者孤独、焦虑、自卑，那么，其今后的个性发展和品格培养也会受到很大的影响。而且，如果孩子总是处于负面情绪的笼罩下，其身心健康和人际关系也可能会受到负面的影响。

我们可以说，童年是孩子情绪发展的关键时期。而作为家长，我们在教育孩子的过程中，除了要培养孩子乐观地面对人生，还要教会孩子如何控制自己的情绪，帮助孩子做到情绪自我管理。

在情绪管理的过程中，觉察情绪、表达情绪，以及利用情绪是最重要的三个部分。而所谓的儿童情绪管理，顾名思义，就是要帮助孩子学会做自己情绪的主人。管理情绪包括两个方面的内容：第一是能够充分地表达自己的情绪，不压抑情绪；第二是要善于克制自己的情绪，要善于把握表达情绪的分寸。

具体来说，有以下建议。

1. 做积极乐观的父母，为孩子做好榜样

父母是孩子的模范，孩子的情绪受父母行为的直接影响，与孩子相处时，父母必须乐观一点。当孩子有挫折感的时候，只有积极乐观的父母才能成为他的依靠和慰藉。

父母首先要学会管理自己的情绪，不将不良情绪带给家庭，带给孩子，要塑造出一种安全、温馨、平和的心境，用欣赏的眼光鼓励自己的孩子，让身处其中的孩子产生积极的自我认同，获得安全感，让其能自由、开放地感受和表达自己的情绪，使某些原本正常的情绪感受不因压抑而变质。

2. 相信孩子

要让孩子喜欢自己，家庭要给孩子认同感。在教育孩子学会乐观地面对人生时，除了多与孩子交流，培养孩子的自信心之外，还有一个很重要的方面，就是父母首先要相信自己的孩子，给予他鼓励和支持。更重要的是要帮助孩子进取，克服一些他现在克服不了的困难，只有这样，才能教会孩子以正确的态度和方法保持乐观。

3. 教导孩子正确表达内心怒气

研究证明，语言发展较好的孩子，体验到的挫折感也比较少，因为他们懂得以语言表达自己的需要，于是容易被满足，

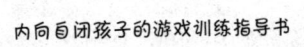

而且当他们说出自己生气难过的原因时，不仅有助于情绪宣泄，也能获得他人的理解和安慰。父母可以在孩子生气、难过的时候，教导他们用语言而非肢体表达怒气。

4. 教孩子转换思维

如果孩子陷入某种负面情绪里，通常是因为"想不开"，此时，父母可以带着他想些好事情，或引导他发现原来事情没有这么糟。孩子能够学习用不同角度和方向思考，进一步也就可以用有创意的方式，自己想办法解决困境。

5. 带着孩子放松心情玩一玩

压力经常是孩子心情不好的来源之一。家长可以教孩子做伸展体操，或是用力画图、用力唱歌，让他体会这些"用力动作"对解除紧张情绪的作用。下回他就能有更多选择来调节自己的不良情绪了。

6. 教孩子换个角度看自己

当心情不好或遭遇挫折的时候，孩子很容易会对自己产生负面的看法，觉得自己真的很差劲，这时父母可以提醒孩子，他曾经在其他方面表现得很好。让孩子时常记起自己成功的经验，从而找回自信，相信自己可以克服困难，也更愿意去接受挑战。

最后，要帮助孩子建立自信心，因为自信的孩子更容易获得快乐。父母应该经常鼓励、赞美孩子，增强他们的独立性、进取心。

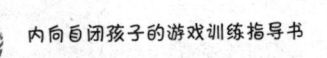

游戏，是孩子快乐的源泉

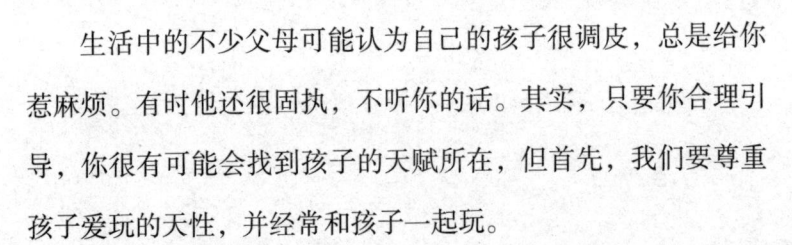

生活中的不少父母可能认为自己的孩子很调皮，总是给你惹麻烦。有时他还很固执，不听你的话。其实，只要你合理引导，你很有可能会找到孩子的天赋所在，但首先，我们要尊重孩子爱玩的天性，并经常和孩子一起玩。

事实上，会玩的孩子才会学。活泼也是一种气质，每一个活泼好动的孩子，总是具有敏锐的观察力、想象力和思考力，而这些是成才的关键。作为父母，我们不但要鼓励孩子玩，还要带孩子一起玩，在玩耍中进行亲子互动，以此加深亲子关系，促进亲子沟通。

另外，有些家长总对孩子不放心，对孩子的活动范围过多地加以限制，结果抑制了孩子的主动发展，致使孩子习惯于一切坐等父母安排，生活自理能力差，遇到新环境、新情况就不知所措。最重要的是，孩子好玩的天性被抑制，让很多孩子对父母产生不满情绪，甚至不愿与父母沟通。

所以，让孩子经常参加一些活动，有助于他们在心理上摆脱对父母的依赖，开阔孩子的视野，增长孩子的见识，培养孩子的责任感、钻研精神和独立能力等，更是亲子互动的重要方法。我们可以在节假日带孩子去野外踏青郊游，让孩子留心大自然的景象及其变化，让孩子运用他自己学到的知识来解释周围的现象，并不断提出"为什么"，家长适时给予点拨；可以任孩子去跑、去玩、去交往，让孩子仔细观察人们的社会生活，了解人们是如何进行劳动创造的，从而激发孩子的劳动热情和创造欲望，使孩子的想象力自由驰骋，逐渐成长为一个大有作为的人。

我们一定要重视方法，最好能寓教于乐，因为年幼的孩子，本身大部分的时间都是在玩中度过的。所以，当你的孩子开始在草地上摸爬滚打的时候，千万不要喝止孩子，这是引导孩子掌握平衡和灵活性的最佳时期。如果你的孩子大一点了，你还可以放手让他和同龄孩子一起游戏。

在一个人的成长过程中，游戏非常重要。作为成年人的我们，也曾有过童年，童年时代的我们，也曾玩过各种各样的游戏，跳皮筋、过家家、超级玛丽、魂斗罗……一代人有一代人的游戏方式。对孩子来说，游戏就是一切，就是快乐的源泉。

孩子为什么喜欢玩游戏？如果说对成人而言，游戏是一种

休闲活动,那对孩子而言,游戏就是他们的"工作",他们非常热爱这份"工作",从不休假,也不会厌倦。一两岁的孩子喜欢扔东西,扔自己的玩具、扔碗和勺子,拿起什么就扔什么。父母往往会担心孩子乱扔东西"不安全、不礼貌",并试图阻止孩子的行为,或者把他们够得着的东西藏起来。但作为地球的新居民,东西飞出又下落的现象对孩子们来说极具吸引力,他们在用自己的方式探索这个充满奥秘又有趣的世界。

对于孩子来说,他们可以玩的游戏有很多,比如在玩"扮演"类游戏时,一些女孩子就特别擅长扮演角色和设计游戏中的情节。儿童能在游戏中认识自我,通过选择玩什么、做什么,或选择和谁一起玩等,最终他们完成了身份的认同,而这正是建立自尊的前提。

可见,在玩乐中,孩子的智力、想象力、创造力、与人交往的能力等都得到了锻炼,这些都是孩子将来接触社会时必须掌握的。

另外,我们要为孩子提供快乐轻松的成长环境,一个美好舒适的环境能给孩子带来安全的心理暗示,我们要让孩子感受到来自家庭的爱,让孩子快乐成长。

总的来说,在家庭教育中,我们要重视游戏对孩子的作用，要给孩子玩耍的机会，并放手让孩子自由地玩耍和探索，最好陪同孩子一起玩耍，不能一味地逼迫孩子，这样反而没有效果，甚至还会让孩子反感。

第02章

儿童自信心培养游戏：自信阳光的孩子更受人欢迎

对于内向自闭的孩子来说，他们的最大特点就是缺乏自信、消极、自卑，在人际交往等方面无法获得自我认同感。此时，我们可以从游戏入手训练，因为在一个人的成长过程中，游戏非常重要，尤其是在建立自尊和自信这一问题上。父母在日常生活中可以与孩子做一些亲子游戏，让孩子从游戏中获得满足和成就感，久而久之，孩子的自信心就得到了提升。

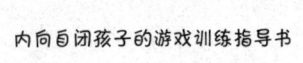

比赛喊口号：让孩子从潜意识建立自信

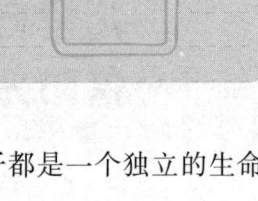

作为父母，我们都知道，每个孩子都是一个独立的生命个体，都有着无法复制的一些特征，正是这些特征，让我们的孩子区别于其他孩子，让他们成为我们心中独特的存在。一个孩子只有喜欢并接受自己，包括优点和缺点，相信自己是最棒的，才能在人生的路上勇往直前、无所畏惧。

马丁·路德·金说过："世界上所做的每一件事都是抱着希望而做成的。"接受并喜欢自己，是建立自信和勇气的前提，让孩子从小在温馨和谐的家庭环境中成长，给孩子一个阳光积极的心态，才是真正的教养之道。因此，父母要教导孩子在做事情之前为自己打气，相信自己有能力发挥应有的水平，然后按照自己的想法去努力。其中，"比赛喊口号"这一游戏就是给孩子加油打气的常见游戏。

第02章
儿童自信心培养游戏：自信阳光的孩子更受人欢迎

游戏准备

无。

操作方法

心理素质直接决定孩子是否自信，而自我确认是改变潜意识想法的最好方式。

家长可以设计一段确认词，跟孩子比谁的声音大。比如说：

> 我是一个敢于大声说话的好孩子！
>
> 我是一个敢于表现的好孩子！
>
> 我是一个大方的好孩子！
>
> 我是一个懂礼貌的好孩子！
>
> 我是个大胆举手发言的好孩子！
>
> 我是一个充满自信的好孩子！
>
> 我爱冒险！
>
> 我喜欢挑战！
>
> 我喜欢我自己！

作用：通过喊口号，把这些观念输入潜意识，以建立自信。

训练指南

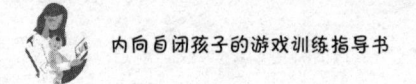

《心理暗示术》的作者爱米尔曾说过一句流传至今的自我暗示名言："每一天，我们都以某种方式，让自己过得越来越好。"也就是说，一个人可以通过运用想象的力量，从身体、精神和心灵上改善自己的生活。对于那些内向自闭的孩子来说，他们很可能因为一件小事情而自卑难过，我们作为家长也要告诉孩子学会自我暗示与肯定，让他们学会自我激励的方法，进而帮助他们改善身心、健康成长。

复述故事：让孩子获得成就感和自信心

这一游戏适合已经会说话的孩子，对于内向自闭的孩子来说，他们最常见的表现就是不喜欢说话。孩子越是不喜欢说话，语言能力越差，越是自闭，而家长通过鼓励孩子复述故事的方法，可以训练孩子的语言组织能力，让孩子获得成就感。只是，一开始孩子复述时，可能会断断续续，或者表达不清楚，我们一定不可着急，要耐心地帮助孩子纠正表达，直到孩子能清楚明了地复述大人的话为止。

游戏准备

一本故事书。

操作方法

从故事书中挑出一篇简短的故事，先给孩子讲一遍，让孩子了解大致的故事梗概，再从故事中挑出关键性和精彩的句

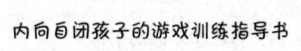

子，让孩子复述。随后逐渐增加难度，当孩子能轻松复述2~4句后，整个故事也就能复述出来了。

另外，父母也可以先同孩子一起认真看书中每一幅图画，让他们讲讲自己看到了些什么。这样的方式不但能锻炼孩子的语言表达能力、思维能力，还能培养孩子的自信心，通过故事还可以教会孩子一些好的品质和明辨事理的能力。

刚开始玩游戏时说给孩子的话必须简单清楚，不要太复杂，否则孩子听不懂会有挫败感。等孩子熟悉游戏之后再慢慢增加传话难度，尽量延长游戏时间。

训练指南

爸爸妈妈经常会为孩子讲故事，但不能为了讲故事而讲故事。有教育专家称，如果家长讲的故事没有进入孩子的心灵，孩子会表现得比较浮躁，总是希望能听到新的故事，永远期待有新故事。孩子不断地想听新故事，只是为了寻求新鲜的刺激。那么，即使妈妈讲了再多的故事，对孩子起到的真正积极的作用也很小。

所以，给孩子讲故事，最重要的不是数量，而是质量。家长可以在平时的早教过程中，多注意重复，一个故事起码要重复5~6遍，甚至可以一周都讲一个故事。不过，这一点要根据孩子的具体年龄做出相应的调整，越小的孩子越可以重复更多次，这也是建立安全感的很好途径。

接龙：随时随地都能玩的游戏

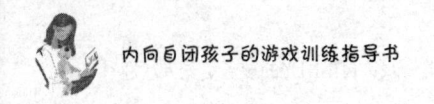

望子成龙、望女成凤是父母最大的心愿，每位家长也都希望自己的孩子能够出人头地，成为社会上的有用之人，而孩子成才的重要标志之一就是拥有出色的表达能力。口才好的孩子一般也更自信大方，相反，表达能力越差，孩子越自卑内向。为了提升孩子的自信和口才，我们可以带孩子做接龙的游戏，这一游戏能增加孩子的词汇量、培养孩子的自信心并且能教给孩子比赛的规则性、原则性。

游戏准备

这一游戏适合已经会数0~10的数字，具有一定词汇量的孩子。

操作方法

妈妈说一个字，孩子接一个词，孩子的词需要以妈妈的字为首个字,接不上的人要罚唱一首歌。如:中——中国、国——国家、家——家庭、庭——庭院、院——院校……

这个游戏不受时间和空间的限制,非常方便。父母要明白的是,对孩子积极自信的性格的培养,是一个长期的过程,要随时随地帮助孩子训练,但不可操之过急,给孩子一些时间,相信会有所收获。

训练指南

除了词语接龙游戏外,还可以和孩子做数字接龙游戏,这一游戏不但可以在亲子之间完成,当孩子和其他小朋友一起,或者进入幼儿园以后也可以做。先准备一些相邻数字卡片,主持游戏的人出示数卡,孩子迅速举出它相邻两数的数卡。孩子两两相互玩游戏,一个孩子出示数卡,另一个孩子迅速举出相邻的两数。这一游戏能引导孩子理解并遵守游戏规则,按不同任务要求进行游戏,培养孩子的表达力和表现欲望。

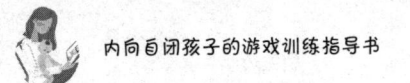

过家家游戏：让孩子在游戏中学会解决生活问题

过家家是一种儿童的角色扮演游戏，即几个伙伴分别扮演同一个家庭的成员，如"爸爸""妈妈""孩子""宠物"等，利用简单的道具（也可不用），模仿成人日常家庭活动。如：做饭、照顾孩子、结婚等。生活中，几乎每个孩子都玩过"过家家"，孩子善于模仿且乐于模仿，但有什么比全方位模仿大人生活更过瘾的呢？过家家就为这种模仿提供了可能。作为家长，你不需要干涉孩子应该怎么做。在得到孩子的"邀请"后，你只需要把自己变成小孩子，很兴奋地参与就可以了。这一游戏能锻炼孩子的生活自理能力，锻炼孩子关心他人、照顾他人的能力，通过照顾幼小，培养孩子的自信心。

游戏准备

参与到游戏中的两人以上的角色，一些简单的过家家工具。

操作方法

过家家的规则是动态的，游戏过程中因扮演的角色不同而有不同的规则。

玩过家家时，几个孩子分别扮演"爸爸""妈妈""爷爷""奶奶"等。游戏的方式主要是模仿大人过日子，如做饭、洗衣服、买菜等。游戏的道具，大多都是用手边就能找到的一些东西来代替，比如大人们不用的破布片，他们手里的布娃娃，路边的花花草草等。

游戏中，爸爸妈妈要配合孩子，例如，孩子把做好的"鸡蛋"给你吃的时候，你要装出一副特别香的样子来"品尝"。你也可以适当地给予孩子一些赞赏或提议，引导孩子去解决问题。比如，孩子给你吃东西的时候，你也可以皱着眉头说："太咸了！"问问孩子打算怎么办？

用同样的方式，您还可以和孩子一起玩玩"小医生""小导购""小司机""小警察"等角色游戏。让他和小朋友一起玩效果更好，同龄人在玩耍中会有更多的语言交流，相互之间会产生争执、协商。

训练指南

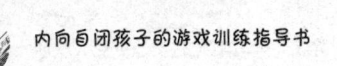

当孩子2岁以后，就能参与这类如过家家一样的角色扮演游戏了。角色扮演是一种特殊的游戏，是幼儿以自身或他物为媒介对他人或他物的动作、行为、态度的模仿，也可以说是一种象征性动作。当孩子自身解决问题的能力不是很强的时候，会很容易烦躁，做不好的事情就会哭着找家长，所以，家长可以通过和孩子玩过家家的游戏来锻炼他自身解决问题的能力和自立能力，从而建立自信。同时，这也是你接近孩子、了解孩子的极好机会，也是加深亲子关系的好机会。

第02章
儿童自信心培养游戏：自信阳光的孩子更受人欢迎

角色换位游戏：让孩子获得满足感

在孩子的眼里，似乎家长什么都懂，什么都会，若家长过于强势，就很容易打击孩子的自信心。在角色换位游戏中，让孩子当家长，家长处于一种"弱势"地位，让孩子处于照顾他人和做决定的位置，能让孩子很容易找到一种满足感，进而建立信心。这一游戏能很好地改善孩子的行为习惯和生活规则。

游戏准备

开始这个游戏前，我们需要先想好要与孩子交谈的内容，然后再引导孩子去玩这个游戏。

首先，我们要想好对话内容，比如可以告诉孩子："今天，让孩子当'妈妈'，妈妈当'孩子'，好不好？"孩子同意后，开始游戏。

操作方法

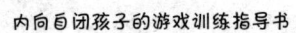

"孩子"(即妈妈)说:"我想吃巧克力。"

"妈妈"(即孩子)说:"给你!"(第一块)

"孩子"说:"我还想吃巧克力。"

"妈妈"说:"给你!"(第二块)

"孩子"说:"我还想吃巧克力。"

"妈妈"说:"不能吃了,吃多了会坏肚子。"(一定要让孩子自己说出来。)

妈妈和孩子继续对话,把孩子生活中经常发生的事说出来。角色也可以是爸爸,每次对话内容不宜过多,3~4个生活场景即可。

最后需要提醒父母们注意的是,社交小达人的成长是一个长期的过程,离不开父母的悉心引导和孩子的持续锻炼,所以不能操之过急。

训练指南

当孩子2岁以后,其心理发展过程中会出现各种"敏感期",正是在这种敏感期中,孩子对每样事情都易学会,对一切都充满了活力和激情。人的智力发展正是建立在幼儿敏感期的基础上的。游戏是一个很好的增进社交能力的方式，让孩子当家长，会让他对遵守规矩、听从教导有全新角度的认识，这种认识会重新投射到他自己的真实角色中去。最重要的是，孩子能通过照顾他人获得成就感，建立自信。

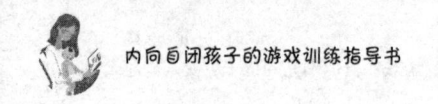

挑战不可能：
帮助孩子突破舒适区，提高自信

无论在学习上还是生活上，一个缺乏自信和主动性的孩子，总是害怕自己这不行、那不行，因此他才会一步步地往后倒退，从而很可能错过原本属于自己的成功和幸福。可以说，自信不足是孩子成长和成功道路上的绊脚石。帮助孩子建立自信的方法有很多，其中，让孩子多参加一些活动，培养挑战精神，可以让孩子拥有自信心，可以让他敢于表现自己，敢于展露自己的才华，长大以后也能为自己赢得更多的魅力指数。

游戏准备

无。

操作方法

找一个对孩子有挑战的活动项目，该项目是需要成人的帮助或鼓励才能完成的。比如爬树、走夜路、捕捉昆虫等。当孩子能够靠自己完成这个任务时，你会发现孩子会自发地建立信心。

训练指南

生活中，不少孩子总习惯听父母和老师的话，不敢尝试没有做过的事情，时间久了他就会误以为自己生来就喜欢某些东西，而不喜欢另一些东西。父母应该让孩子认识到，什么事情都要敢于去尝试，尝试做一些自己原来不喜欢做的事，就会品尝到一种全新的乐趣，从而慢慢从老习惯中摆脱出来。关键要看是否敢于尝试，是否能把自己的想法贯彻到底。为此，家长可以多带孩子看一些户外挑战节目，或者带孩子身临其境，并在其中逐渐给孩子灌输挑战精神的重要性。孩子能从这些有挑战意义的活动中领略到精神上的给养。可能这个过程会有些漫长，但家长只要耐心等待、耐心疏导，效果自然就会水到渠成。

多鼓励孩子，其实有的时候，孩子并不是没有挑战精神，更多的是因为他对自己没有信心，总是害怕自己出错。因此，这个时候，家长就可以多给孩子一些鼓励，可以是一个善意的眼神，也可以是一份鼓励的拥抱，通过种种措施来让孩子增强自信心，也许孩子会给你一个不一样的答复。

一次国王的体验：让孩子在被赞美中获得自信

每位家长都希望自己的孩子能够出人头地，成为社会上的有用之人，但在这一殷切的希望下，一些父母采取了不当的教养方法，他们总是盯着孩子的缺点和不足看，认为这样能督促孩子进步，结果却适得其反。在父母长时间的打压下，不少孩子认为自己毫无优点，甚至产生严重的无用感。这些孩子有这样一些表现：在人群聚集的场合无法参与谈话；想表达自己心里的想法，但又张不开口，甚至害怕自己的发音不准。他们开始讨厌自己，认为自己很没用，在交际过程中，他常处于一种紧张的状态。这些孩子往往十分脆弱，常常自卑，又具有极力压抑自己的恶习；他们摆脱不了挫折的阴影，或者干脆躲在阴影中看这个世界。

其实，教育出勇敢、坚强的孩子，首先需要父母对孩子进行肯定，只有这样，他们才有勇气正视自己的优点，也才能发挥自己的价值。要肯定和赞美孩子，我们可以从游戏开始，

"一次国王的体验"就是这样的游戏。

游戏准备

这一游戏适合自信心较低，不易接受他人赞美的孩子，家长需要准备一把椅子。

规模：4人以上。

操作方法

游戏可以是家庭成员全体参加，也可以邀请孩子的小伙伴来参加。每个参加游戏的人分别为其他组员至少写一句赞美的话。写完后，先邀请其中一人登上"国王的宝座"（椅子）。"宝座"要放在大家都能看见的地方。大家轮流读出他们给"国王"写的赞美之词。每位组员都轮流坐上宝座，听别人读出对自己的赞美。

训练指南

在这一游戏中，当孩子获得赞美，体会到被肯定的喜悦时，自信心便会随之增强；而自信心的增强，反过来又会促使孩子勇于继续尝试。也许对于内向自闭的孩子来说，他们一时并不能像天性外向、开朗的孩子那样乐于表现，但只要他能学

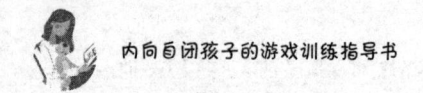

会勇敢地展示自己,就是在把握机会、积极进步。长此以往,孩子自然也就自信了。

打破气球：让孩子学会认可自己

教育心理学家发现，那些内向自闭的孩子往往在性格上缺乏自信、人际交往能力较差，这种性格的形成一般与父母的教育方式有很大的关系。有些父母总是不断批评孩子的缺点而忽视孩子的长处。孩子缺少来自他人的欣赏与肯定，长此以往，十分不利于他们自信心的建立。让孩子认可自己，先要让他们获得来自父母和周围人的赞美和肯定，其中，游戏"打破气球"就能起到这样的效果。

游戏准备

参加游戏的可以是全家人，也可以是父母为孩子找来的小伙伴。准备一些气球、油性记号笔。

规模：至少4人。

操作方法

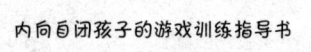

给参加游戏的人每人发一只气球,然后将气球吹起来,不过不需要封口(游戏需要)。让每个人用油性记号笔在气球上写上自己的名字。写完后,再放空气球中的气。

大家围成一个圈,然后按照顺时针或者逆时针方向将自己手中的气球传递给下一个人,等到大家拿到的气球都不是自己的名字时,每个人在纸条上写上对气球所有者的赞美,然后把纸条放进气球(纸条也要写上被赞美者的名字)。

然后大家继续传递气球,让每个人都在纸条上写下其他人的优点,当都写完以后,将气球物归原主。主持游戏的一位家长可以问问孩子们想不想知道自己气球里面的纸条都写了什么,让他们想出能够打破气球拿出纸条的最好方法。然后,大家把气球吹起并打破。

这一游戏能让孩子学会给予并接受赞美,相信赞美的真实性,并认可自己的优点,从而获得自信。

训练指南

孩子天生就是积极的,喜欢尝试的,但在一些孩子接受的后天教育中,由于他们很少成功,因此经常被父母批评,以至于他们变得胆小、自卑、消极，这对于孩子的成长是极为不利的。因此，为人父母，我们有必要关注孩子在成长过程中的情绪变化，一定要避免让孩子消极自卑。

我爱表演：
众人面前表演能提升孩子的自我认同感

每一个人都需要自我认同感，对于成长中的孩子也一样，但实际上，很多时候，自我认同感的缺失，是父母的教育造成的，比如，从小给孩子贴上了"弱者"的标签，把孩子的缺点当成娱乐的对象，对孩子大加指责等，都会让孩子有一种"无用感"和"自我否定感"。长期在这种心理状态笼罩下的孩子，是很难有勇气和自信的。这些自信心不足的孩子，通常对自己在学习和其他方面的能力做出偏低的评价，做事谨小慎微，由认知上的偏差发展为自卑的人格，表现在外部就是胆小、害羞、孤独、沉默寡言。

基于这些，家长可以多为孩子创造在人前表演的机会，让孩子多产生价值感和成就感。这样，自我认同感也就能慢慢建立了。"我爱表演"这一游戏就能达到这样的效果。

游戏准备

游戏之前,父母要营造愉悦、和谐的气氛,消除孩子的紧张情绪。要多鼓励、少批评,要抓住孩子的闪光点进行表扬,帮助孩子克服自卑,鼓励孩子勇敢地表现自己、张扬个性。这样就能使孩子克服胆小害羞的习惯,变得大方开朗、热情阳光。这样的孩子就能在陌生人面前大方表现了。

操作方法

父母可以和其他家庭成员商量,组织一次晚会,让孩子决定好自己在晚会上表演的节目,并积极排练。

晚会的时间是固定的,可以每周定一次或一个月定一次,每个成员都必须出一个节目,当然可以是几个人一起表演小品或情景剧,形式多样,朗诵、游戏都可以。让孩子在与家人游戏中,享受亲子时光,变得热爱表演。

训练指南

在这一游戏中,家长要以身作则,提供有效的"模仿源"。身教对孩子的影响永远比言教要大,可生活中光说不练的家长还是不少的,要注重自己跟人交往的方式,在活动中注重提高自己的参与度和热情度。

　　这样，孩子就不会出现"拒演"的情况了，让孩子在众人眼前大方地表现自己，通过表演来提升他的自信心，提高孩子的社交能力，让孩子大方与人交往，这是孩子必备的社交心态，而这种心态源自自信！

自制布娃娃：有助于提升孩子的自信和成就感

这一游戏适合学龄期的大龄孩子。此时的孩子有了一定的动手能力，不但能照顾自身，能用刀切食物，能自己系鞋带，还能画一些简单的事物，比如，人的头、躯干、胳膊、手、腿、脚等，会写一些数字和简单的汉字。这些技能的提升考验孩子的注意广度，对更为复杂的手部运动的记忆以及实施动作的灵巧性都有所要求，孩子也会因为能控制身体而获得成就感。此时，我们家长如果能带领孩子做一些手工游戏，比如自制布娃娃，不但能训练孩子的动手能力，更能开发他们的想象力和使他们获得成就感，而最重要的是，如果你的孩子是个内向自闭的孩子，那么，这对于提升他的自信很有帮助。

游戏准备

剪刀、针线包、酒精胶、丝绵、不织布等。

操作方法

（1）家长可以先问孩子喜欢什么布娃娃，鼓励孩子将布娃娃的样子画出来，然后告诉孩子如何将不织布用剪刀剪出娃娃身体各部分的图样。

（2）让孩子将布娃娃两个部分缝在一起，这里需要用到锁边针法，这对于孩子来说有点难度，需要父母的指导。你要告诉孩子先从脖子的位置起针。脖子的位置要留出口，把丝绵塞进娃娃的身体里。

（3）缝制娃娃的裙子。裙子缝的时候上边要留出来先不缝，把下边缝上即可。然后，用酒精胶把事先剪好的娃娃的头发和眼睛都粘好。

（4）缝制娃娃的嘴巴。娃娃的嘴巴要是微微向上翘的，这表示娃娃是开心的，此处要用回针。如果家里有碎布的话，可以用碎的布给娃娃做一朵花缝在娃娃的头发上。

（5）把娃娃脑袋后边的片和前边的缝合在一起，先从脖子的位置开始起针，一圈缝到另一侧的脖子位置，记得先留出口。

（6）将事先准备好的丝绵塞进娃娃的脑袋里，完成后，再给娃娃的身体穿上裙子，把胳膊上边的裙子缝合在一起就可以了。

（7）让孩子把娃娃的身体和脑袋用线连在一起，缝合完以后，用剪刀剪一片小小的布片口袋，然后把它贴在娃娃的裙子上。

这样，一个漂亮的布娃娃就做成了。

训练指南

这一游戏难度有点大，对于年龄较小的孩子并不适合，另外，如果孩子做不到，家长可以在一旁协助和指导，否则，如果因为难度大中途放弃，反而会打击孩子的自信心。

第03章
儿童表达能力训练游戏：鼓励孩子大胆开口

语言是孩子智力发展的重要标志之一，语言表达能力强的孩子不但理解能力强，更加自信，也会在今后的学习和社交中更受欢迎。对于那些内向自闭的孩子来说，我们家长不但要训练他们的表达能力，更要鼓励他们大胆开口，那么，家长们应该怎样对孩子进行语言训练，让孩子变得"伶牙俐齿"呢？接下来，我们在本章中将会介绍几种能训练孩子表达能力的游戏。

小小主持人：
训练孩子在众人面前大方表达的能力

"小小主持人"这一亲子游戏适用于学龄前的儿童，可以让孩子敢于在众人面前说话、表演，甚至是大方地表现，这对孩子以后在学校的学习以及各方面的提升大有帮助。对于内向自闭的孩子来说，他们只有掌握一定的语言应变能力，才能沉着冷静地面对和化解突如其来的情况。应变能力是思维能力的一种，思维的力量是巨大的，孩子应变能力提升了，自信心才会提升。

游戏准备

话筒（玩具话筒），录音机。全家人都在场。

操作方法

在家庭当中准备一些小型的节目，让孩子拿话筒学做主持人，可以让孩子先准备好开场白，宣布节目开始。比如为什么

要开展这个节目，为谁开展等。妈妈还可以用录音机把孩子讲的话录下来，回头播放给孩子听。

这个游戏可以每周玩一次，可以不要每次都让孩子当主持人，而是家庭成员轮流当。也可以以家庭会议的形式进行，由孩子主持家庭会议。

训练指南

孩子的语言天赋以及表达时的自信都需要从一次次练习中得来，一开始，可以让孩子当家庭会议的主持人或者模仿节目主持人，在孩子获得一定的表达能力后，可以让孩子尝试到更大的"舞台"表现自己，比如参加幼儿园组织的唱歌比赛、朗诵比赛等，又比如，家长可以鼓励孩子多和大人、同龄孩子自由交谈，大胆地表达自己的情感、愿望等，从而更好地锻炼他的语言组织和表达能力。总而言之，只有孩子说得越多，才能越会说，说得越好。这一点，对于内向自闭的孩子来说更为重要。

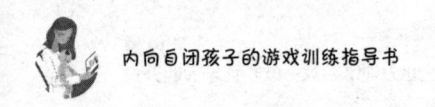

小小营业员：
让孩子获得与他人对话的自信

生活中，每个孩子都要与父母家人以外的人对话，你的孩子在与他人对话时会不会紧张？作为父母，我们都希望孩子在人前人后都落落大方、自信十足，这样的孩子长大后更自信，也更懂得如何不卑不亢地待人接物。然而，很多内向自闭的孩子，一到人前，尤其是陌生人面前就表现得怕羞、不自信，这是困扰许多家长的常见问题。其实，解决孩子不自信的一个重要方法就是，让他们多练习和表达。这也有助于开阔他的视野，增加他的阅历，从而大大增强他的见识。游戏"小小营业员"就能让孩子获得与他人对话的自信。

游戏准备

5~10个玩具。

操作方法

将玩具排列成一排。家长先扮作营业员营业,为孩子逐一介绍,比如:"这是小灰兔,两个长耳朵低垂在两边,还有一团圆溜溜的小尾巴,蹦蹦跳跳真可爱,这是你想要的商品吗?"然后和孩子互换角色,由他来介绍商品。

"小小营业员"游戏能让孩子学会很多日常生活用语和对事物的描述、表达,让孩子能够连贯表达自己的想法和要求。这是很多孩子最喜欢的一项游戏。

训练指南

学龄前是孩子口头语言发育的最佳时期。有意识地对孩子的语言进行训练,对孩子日后的语言表达能力,即口才的"天资"有很大的促进作用。因此,父母要在这一阶段对孩子进行语言智力的开发和口语表达能力的训练,并有意识地培养孩子表达的勇气和自信,进而培养出聪明伶俐、能言善辩的聪明孩子。

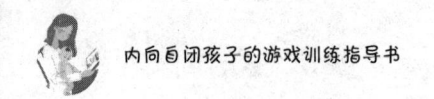

介绍自己的相册：培养孩子连贯表达的能力

每个孩子应该都会有自己的一本相册，闲暇时拿出来翻看，可以让他自己介绍，这是我，这是我的谁，当时在做些什么等。这个游戏很适合那些平时就喜欢拍照的孩子。它不仅能培养孩子的记忆能力、开发孩子的智力，最重要的是，对于那些内向自闭、不善言谈的孩子来说，它能培养孩子运用口语进行连贯表达的能力，一开始，孩子可能表达得断断续续，不要着急，给孩子一点时间，如果孩子说得不对，可以适当给点提醒，比如："记得不，那天你是第一次参加六一儿童节""那天天气不好，但是我们还是去了游乐场。"当孩子能清楚地将照片中涉及的故事和记忆片段表述出来的时候，可以给孩子一个亲吻或者拥抱，久而久之，孩子的表达能力就能得到提升了。

游戏准备

几个纸盒子，一本相册。

操作方法

家长可以多准备几个纸盒子，将相册中的一些生活照片取出来放到纸盒里。

以下是游戏的三个步骤：

（1）将照片从纸盒中取出来，告诉孩子，这个照片上有谁，这张照片有着什么样的故事；

（2）等孩子已经能清晰地陈述出照片中的故事且对照片很熟悉后把照片再次放入盒子里，让孩子猜盒子里是哪张照片；

（3）孩子猜对之后，让孩子说出照片里的故事。

训练指南

运用这一游戏，孩子能明白，原来照片能将过去发生的故事记录下来，也能明白时间是一去不复返的，昨天发生的事不会再重来，另外，孩子的记忆力也会因此得到锻炼，这对于孩子以后的学习会大有裨益，记忆力强的孩子，学习效率自然就高。

吹气游戏：训练孩子的口腔肌肉

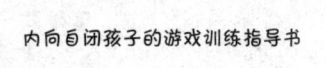

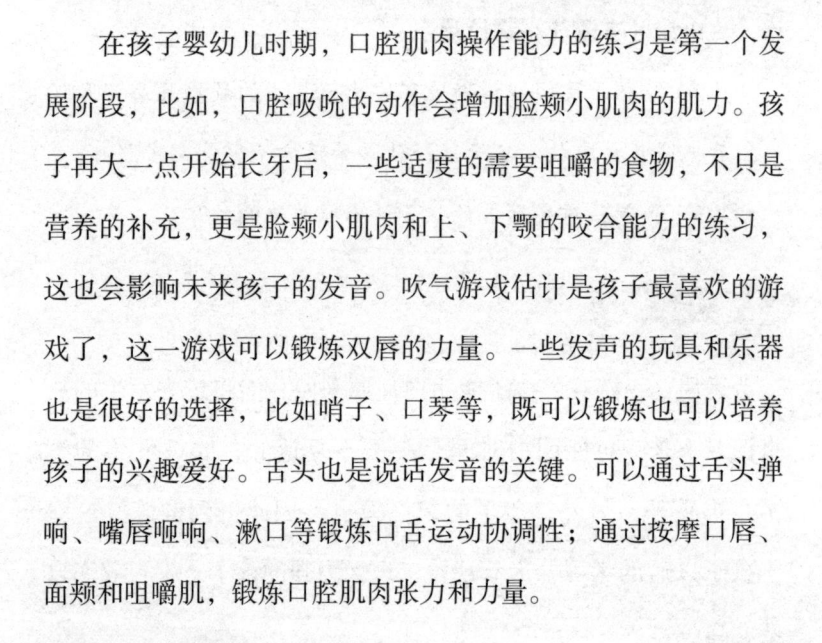

在孩子婴幼儿时期，口腔肌肉操作能力的练习是第一个发展阶段，比如，口腔吸吮的动作会增加脸颊小肌肉的肌力。孩子再大一点开始长牙后，一些适度的需要咀嚼的食物，不只是营养的补充，更是脸颊小肌肉和上、下颚的咬合能力的练习，这也会影响未来孩子的发音。吹气游戏估计是孩子最喜欢的游戏了，这一游戏可以锻炼双唇的力量。一些发声的玩具和乐器也是很好的选择，比如哨子、口琴等，既可以锻炼也可以培养孩子的兴趣爱好。舌头也是说话发音的关键。可以通过舌头弹响、嘴唇咂响、漱口等锻炼口舌运动协调性；通过按摩口唇、面颊和咀嚼肌，锻炼口腔肌肉张力和力量。

游戏准备

可以吹泡泡的玩具。

操作方法

可以带孩子到户外，买一个吹泡泡的小玩具，要能够自己用嘴吹的，不是自动发射泡泡的那种；也可以放一些羽毛在地板上，让孩子趴在地板上将羽毛吹飞。

这种吹气游戏最适用于口腔肌肉力量不足的孩子，对于内向自闭的孩子来说尤其适合，他们通常说话结巴、咬字不清，比如会将"这个是我的"说成"介个似瓦的"，5个字能错3个，如果你的孩子也有这些情况，可以多试试这个游戏。

除此之外，还要提醒家长，当孩子发音不准确或有错误时，不要当面去纠正或指责他。因为这样不仅会增加孩子学习语言的挫折感和压力，还容易造成负面强化。这时，最好的方法就是，你把正确的音再说一次，只要多重复几次正确的发音，孩子自然就能学会了。

训练指南

有些家长喜欢将所有的食物放在一起熬成粥喂孩子。这样会让孩子缺乏口腔的咀嚼运动，孩子学说话时口型会不准确，舌头和上、下颚运动不协调。

当孩子到了4岁左右仍出现上述的情形，那就可能是孩子的口腔小肌肉发展较慢了,这就需要父母运用亲子游戏进行干预了。

卖柿子：帮助孩子练习准确发音

这一游戏适用于学龄前的儿童，此时的孩子不但有了学习意识，而且对于语音也有了更多的关注，而那些内向自闭的孩子，因为开口少、不善表达，他们的发音通常不准，此时需要我们家长提高修养，在日常生活中规范自己的发音，注意自己的措辞，经常和孩子一起生动地描述周围的人与事，做到真正的言传身教，为孩子创造各种交往与活动的机会，那么孩子的语言能力、表达能力和自信心都会获得很大提高。

游戏准备

小篮子，柿子或画有柿子的图片。

操作方法

家长先拿出柿子或柿子图片，教孩子认识柿子，可以教孩子学说绕口令《涩柿子与石狮子》：树上结了四十四个涩柿

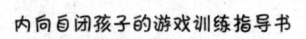

子，树下蹲着四十四头石狮子；树下四十四头石狮子，要吃树上四十四个涩柿子；涩柿子不让石狮子吃涩柿子，石狮子偏要吃涩柿子。孩子学会后还可以继续玩"卖柿子"的小游戏。

家长扮演卖柿子的人，孩子扮演买柿子的人。

家长提着装有柿子的篮子边走边吆喝："柿子柿子卖柿子，甜甜的柿子大又圆嘞！"

然后故意走到孩子面前，问他："小朋友，买柿子吗？"孩子回问："你家的柿子涩不涩呀？"

家长答："不涩，我家的柿子一点都不涩。"

然后孩子接着说："那就先买10个尝尝吧！好吃了下次再多买点。"然后家长可以故意拿错，把4个柿子递给孩子，看孩子做何反应。家长还可以和孩子互换角色，继续玩这个游戏。

训练指南

真正的教育是来源于生活的。随着孩子的逐渐成长，可以练习语言表达能力的途径有很多，"卖柿子"的游戏能让孩子在感受真实生活场景的同时，练习准确发音，也能丰富孩子的词汇量。最重要的是。随着孩子语言表达能力的提升，他的自信心也随之提升了。

小小演讲家：让孩子学会自由谈论

生活中，不少内向自闭的孩子都有这样的困扰，因为不善言辞无法和小伙伴愉快相处、自己内心的想法不会表达，甚至上课时被老师喊起来回答问题也无法表达清楚。实际上，这都是语言表达能力不足的表现。父母趁早训练孩子尤其是内向自闭孩子的语言表达能力尤为重要。要训练孩子的语言表达能力，就要让孩子多说、多表达，孩子愿意说、敢说，才能说得好。

游戏准备

一些演讲主题。

操作方法

选择一个孩子熟悉或喜欢的题目，让他谈论这个题目2分钟。过一会，选择一个更难的题目让孩子谈论，并且把时间延长一些。比如，你们可以从谈论孩子最喜欢的一部电影开始，等孩子熟练了，可以让他们谈论一些有争议的题目。

训练指南

生活中，一些父母可能认为，口才是天生的，其实不然，口才是可以靠后天培养训练出来的。

教育心理学家指出，6岁之前是儿童语言发育的最佳年龄。此时有意识地对语言进行训练，对孩子日后的语言表达能力，即口才有很大的促进作用。你的孩子越多地练习自我表达，他们在交流中就越有效率。而"表达训练"越有趣，你的孩子就会越乐于练习自己的表达技能。因此，教育心理学家建议父母要善于运用游戏来激发孩子的表达欲望。

广播电台：让孩子学会生动地讲述和朗诵

不得不说，当今社会，口才已经成为衡量人才的重要标准之一。对于内向自闭的孩子来说，更需要训练表达能力，但在此之前，孩子必须先要自信起来。"不敢说"的孩子是"说不好"的。对于缺乏表达自信的孩子来说，可以通过多练习说话来激励自己，而游戏"广播电台"就能使孩子口齿清楚、态度大方，生动地讲述和朗诵。

游戏准备

家长先要营造好的游戏氛围，让内向自闭的孩子乐于参与到游戏中。

操作方法

家庭每个成员作为一个广播电台，如：奶奶广播电台、爸爸广播电台。一位家长打电话，当拨到某个电台时，这个电台就要播放歌曲、相声、新闻等节目。家长可有意识地拨打孩子的电台，使孩子得到更多的练习机会，帮助孩子锻炼语言表达能力。

训练指南

儿童语言能力是由身体和大脑协调产生的，更大程度上是一种技巧。发展儿童语言能力不能只靠知识的传授，也不能完全依靠模仿，它需要付出时间和耐心慢慢发展成熟，也需要努力和意愿来累积经验。新生儿的语言适应能力很强，在孩子8个月大时，理论上可以学习任何国家的语言。但是，随着孩子不断长大，这种能力会呈现出下降的趋势。所以，对孩子进行语言能力训练一定要抓住这一黄金时期。父母要为孩子提供丰富的视觉和听觉刺激，尽管他还不能进行清晰、准确的语言沟通，但父母可以将看到的事情和正在做的事情不断地讲给孩子听，让孩子在头脑中将语言和日常生活的事情联系起来（而不要太在乎孩子是否真的理解），这是在进行语言的储备，对孩子将来的语言发展会起到奠基的作用，并且，语言发展顺利、口才好的孩子，他在童年成长的过程中也往往能做到积极乐观、自信大方。也就是说，从小训练孩子的语言表达能力，也能防止孩子形成内向自闭的性格。

橱窗里有什么：帮助孩子学会有逻辑地表达

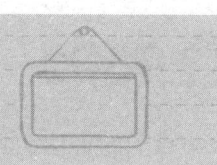

在记忆中，有一个概念叫"再认"，比如孩子上周在公园看见一只猴子，过几天你拿出这只猴子的图片，他会立刻认出这只猴子是上周他在公园里看见过的。孩子有再认的能力，在表达时，才能在脑中构造概念且有逻辑地复述出来，"橱窗里有什么"这一亲子游戏就能帮助孩子学会有逻辑地表达。

游戏准备

无。

操作方法

孩子总要出门活动，当路过商店时，可以让孩子观察橱窗中放置的物品，孩子不认识的物品，家长可以告诉他是什么。当离开之后，家长可以引导孩子，让孩子说说橱窗里都有什么东西。除此之外，当和孩子在外面散步的时候，还可以教孩

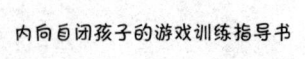

子认识汽车类型,然后,家长再询问孩子这是什么车,那是什么车。

训练指南

孩子的表达能力也是一个需要训练的过程。在他们表达能力有限,思维不够清晰的情况下,可以让孩子多看、多听、多写,而不必急于一时地说,这样能给他们足够的时间思考,让他仔细琢磨用词和逻辑严密性。总之,如果你的孩子也内向自闭、不善言谈,你一定要在日常生活中着力培养孩子的逻辑思维能力和语言表达能力,也就是掌握逻辑说话术,以此帮助孩子提升说话水平和自信。

绕口令：锻炼孩子的口齿灵活度

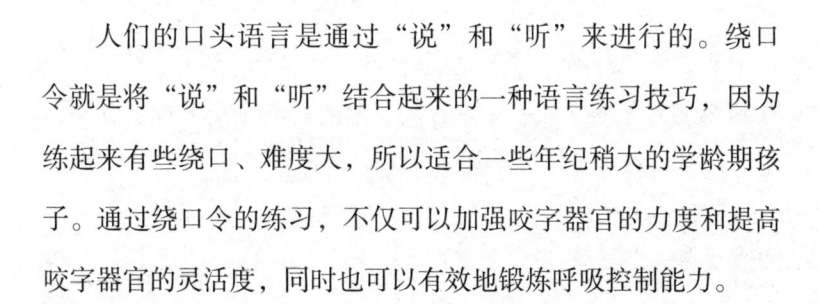

人们的口头语言是通过"说"和"听"来进行的。绕口令就是将"说"和"听"结合起来的一种语言练习技巧，因为练起来有些绕口、难度大，所以适合一些年纪稍大的学龄期孩子。通过绕口令的练习，不仅可以加强咬字器官的力度和提高咬字器官的灵活度，同时也可以有效地锻炼呼吸控制能力。

游戏准备

无。

操作方法

我们可以让孩子从"吃葡萄不吐葡萄皮"和"四是四，十是十"开始练习。可以与孩子比赛，提高孩子的兴趣。

普通话绕口令练习的目的主要是帮助孩子达到口齿灵活、语音准确、吐字流畅、字正腔圆的表达效果。训练时，要求孩

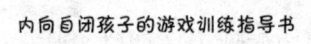

子一定要按照正确的发音部位和发音方法练。

一方面要注意帮助孩子纠正发声缺点、弱点、毛病；另一方面还要利用和发挥孩子的长处，扬长避短。

练习时，最初应特别注意字音质量，要把音发准，劲使稳，利索收音，做到吐字准确、清晰、圆润。然后由慢到快，逐渐加速，可按音、字、词、句、段5步练习法循序渐进。

在训练中，还要注意结合气息控制练习。在开口前要注意放松喉部、气息下沉。"运行"当中要补气自如，轻松流畅，字音速度由慢渐快，要做到慢而不断，快而不乱。

训练指南

绕口令是最常见的语言训练方法，对于学龄前的孩子来说，经常练习绕口令可以锻炼口齿灵活度。但绕口令一般字音相近，极易混淆，要想念得既快又好，没有快速的思维、良好的记忆、伶俐的口齿，是很难做到的。不过经常说绕口令，能够提高孩子的语言表达力，并使他们的思维更具敏捷性、灵活性和准确性。

动物接龙：让孩子自发时事物产生想象并进行表达

孩子天生喜欢小动物，很多小朋友经常要求爸爸妈妈带他们去动物园，而对于那些内向自闭的孩子来说，他们也通常能和小动物相处得更轻松。因此，我们家长便可以从"动物"入手，激发孩子提升语言表达能力的兴趣，鼓励他们参与到亲子互动游戏中来。在游戏中，孩子想象力和语言表达能力都能得到锻炼，另外，我们可以借此向孩子讲述一些爱护动物的知识，这对于孩子的爱心培养也大有裨益。

游戏准备

孩子心情愉悦之时进行，为孩子准备一些小奖品。

操作方法

爸爸妈妈和孩子围坐在一起，由一个人起头，说出一种动物的名称，然后依次轮流说下去，不许重复。为了增加趣味性，可以在说出动物名称的同时再学出动物的叫声。看看爸爸妈妈和孩子在一分钟内分别可以说出多少种小动物，谁说的最多，就奖励他一个小奖品。

另外，除了动物名称，还可以说说水果名称、交通工具名称等。

训练指南

"人之初，性本善"我们的孩子天生就是有爱心的天使，在他们还小的时候，他们看到小动物，会表现出怜爱的心理。家长借助游戏让孩子认识小动物，不但能让孩子记住这些小动物的名字，并随时能说出来，更重要的是，这是对孩子进行爱心教育的好机会。当然，培养孩子的爱心，要落实在平时的点滴行动中，引导儿童观察他人的表情，理解别人苦恼、悲伤的缘由，努力想出办法来减轻别人的痛苦、烦恼，使大家快乐。

声音模仿游戏：训练孩子学会准确地发音

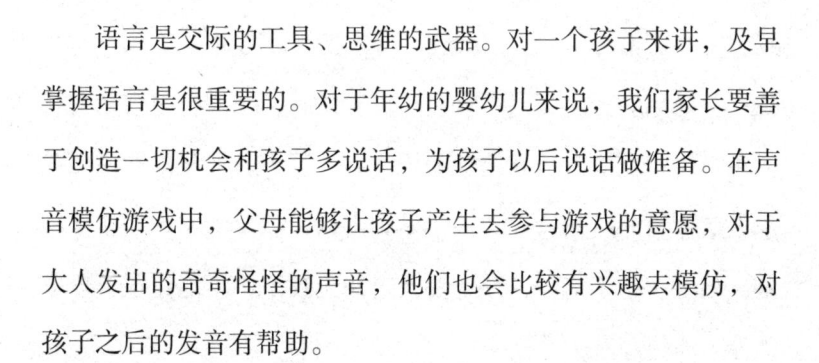

语言是交际的工具、思维的武器。对一个孩子来讲，及早掌握语言是很重要的。对于年幼的婴幼儿来说，我们家长要善于创造一切机会和孩子多说话，为孩子以后说话做准备。在声音模仿游戏中，父母能够让孩子产生去参与游戏的意愿，对于大人发出的奇奇怪怪的声音，他们也会比较有兴趣去模仿，对孩子之后的发音有帮助。

游戏准备

准备一些小动物的卡片。

操作方法

教孩子去模仿一些动物的叫声，先从简单的发音开始。"ga ga"是小鸭子叫，"mou mou"是小牛叫，"gua gua"是青蛙叫，"mie mie"是小羊叫，然后，可以是一些孩子比较难发出的辅音，"si si"是蛇吐信子的声音，孩子容易念作"shi shi"。可以加一些肢体语言辅助，比如蛇前进的方式，来对孩子的发音进行示范和纠正。

训练指南

语言发育是一个有序且连续的过程。孩子一岁半后，就能发出一些简单的单词了，比如，妈、爸等；2岁时，有的孩子会说一些简单句；3岁开始学说复合句。而到了6岁，也就是即将上小学时，就能进行系统性的语言训练了。我们父母在训练孩子表达能力的时候，要让孩子做到讲话口齿要清楚，发音要准确。如果表达不清楚，一定要及时纠正孩子，不能让孩子养成口齿不清的习惯。

第04章

儿童勇气培养游戏：让孩子告别胆怯懦弱

独生子女在家很容易受到溺爱，从而变得胆小懦弱。对此，教育专家建议，应更多地让男孩子和女孩子在一块玩，给孩子一定"野"的空间，同时，要多带他到公园去玩，那些刺激而安全系数很高的游戏，有助于培养孩子坚强的个性和冒险精神。而对于那些本身就自闭内向的孩子，家长要有意识地运用游戏这一孩子们都喜欢的活动来加以训练，进而让孩子逐渐告别胆怯懦弱。

勇敢小精灵：
培养孩子勇敢、助人为乐的精神

竞争激烈的当代社会，要求人们面对机会能勇敢、大声地说"我行"。因此，培养孩子自我表现的勇气和习惯，成了家庭教育的一个重要内容，对内向、胆怯的孩子尤为如此。有些孩子天生大胆，有些孩子天生胆小，但生活中我们看到的更多的却是被娇生惯养的孩子，被父母宠在手心里，遇到一点委屈、碰到一点挫折就扑到父母的怀里哭泣。父母疼到心肝里，替他出头、安慰他，殊不知，越是这样，孩子越是胆怯、怕事，遇事越发没有主见，这样的孩子未来怎能独当一面呢？即使有父母的百般呵护，"独苗苗"也只能是失去光芒的太阳。

要训练孩子的胆量，我们可以从一些小游戏入手，比如"勇敢小精灵"这一游戏，就能让孩子通过练习蹬滑跑冰车，发展孩子动作的协调性和灵敏性，提高平衡能力，与此同时，也能培养他们勇敢、助人为乐的精神。

游戏准备

让孩子找来一些同龄的小伙伴，三轮跑冰车4辆、变形平衡木4个、大纸箱4只；可用篮架加橡筋制成一个个孩子游戏时需要用到的"山洞"；孩子每人穿上胸前有兜的外套（或腰间扎一只塑料袋代替）；准备好游戏前与孩子共同收集的小精灵玩具若干（数量为孩子人数2~3倍）。

操作方法

将孩子分成人数相等的4路纵队，站在场地一端；每队之间放置大纸箱一个；场地中间设置"山洞"；场地另一端的变形平衡木两侧放置小精灵玩具若干。家长发令后，各队第1个孩子蹬滑跑冰车钻过"山洞"、到达"浮桥"。上桥救起1个小精灵，并带着小精灵蹬滑跑冰车原路返回，第2个孩子再出发。在规定时间内哪一队救到的小精灵数量多为胜。

这一游戏的规则有三点：

（1）必须双手扶把蹬滑跑冰车至浮桥，待上桥后才能救小精灵。

（2）若游戏中途发生意外情况或未带小精灵成功返回，应在原地重新通过。

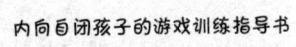

（3）采用接力赛形式进行。

训练指南

家长带领孩子玩这一游戏，需要注意几点：

（1）本活动宜选择在户外较大的场地进行；每队活动场地之间保持一定的距离，以免发生互相碰撞。

（2）若无变形平衡木的器械，可用其他材料替代搭建。

（3）提示孩子将救回的小精灵放在纸箱内，然后排至队末。

射击目标：锻炼孩子向困难挑战的勇气

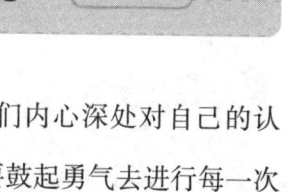

勇气是孩子的外在表现，也是他们内心深处对自己的认识。每一个孩子的成长过程中，都需要鼓起勇气去进行每一次成功的转变，比如孩子试吃大片的菠菜叶，学习走路，还有主动向妈妈坦白自己闯祸。

勇气是一种多种因素混杂而成的感情。它足以让你从容面对不熟悉的事情，并意识到自己的行为能够给自己或者他人带来什么样的影响。有勇气的孩子往往胆大又很谨慎，例如，他们会在接近狗狗之前就勇敢地向狗狗的主人询问狗狗是否友好。

孩子的勇气会因各种情况的变化而变化。有些孩子遇见陌生人的时候会躲在父母的身后，可是却不会畏惧学习自行车时的危险。不管怎样，值得高兴的是，孩子渴望探索他们所处的这个世界。那就是父母要鼓励孩子拥有冒险精神，充满自信、勇气的原因。父母培养孩子获得勇气，可以带孩子做设计目标的游戏，这一游戏能锻炼孩子的协调能力、记忆能力，以及向困难挑战的勇气和能力。

游戏准备

这一游戏适合3~7岁的孩子和爸爸妈妈。

操作方法

（1）家长和孩子面对面站立（或坐），家长扮演射击人员，孩子则扮演靶子。

（2）家长做出要射击孩子身上某个部位的姿势，在射击前，大声告诉孩子，让孩子快速做出反应并保护住该部位。比如，家长喊"左耳朵"，孩子要快速用手触摸左耳朵。

（3）游戏中的"射击者"和"靶子"角色可以交换。

（4）采取记分制，正确触摸一个部位得1分，错了倒扣1分，累计10分过一关。每关逐渐增加射击部位的范围，以增加游戏难度。比如，第一关的射击部位局限在面部，第二关则可到胸以上，以此类推。

训练指南

教育心理学家经过分析，总结出一些孩子缺乏勇气的原因。

（1）孩子性格内向，要在他熟悉的环境下才能自信地展现自我。

（2）家长对孩子的要求太严格，常要求他像大人一样地做事，让孩子不知所措。

（3）家长脾气暴躁，动不动就对孩子发火，孩子变得谨小慎微。

（4）家规太严，让孩子这也不许摸那也不许碰，久而久之，孩子不敢轻易去尝试新事物。

（5）孩子对突然变化的环境不适应。比如，原先由爷爷奶奶抚养转而由爸爸妈妈亲自抚养，因为教养环境的不同，小孩子会在一段时间里变得内向。

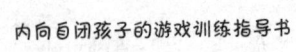

篮球明星：
让孩子在跳跃中提升胆量

对于内向自闭的孩子来说，除了不自信外，胆怯是他们的显著特征，这些孩子害怕在运动、人际交往等活动中受伤，因此会选择拒绝和逃避。家长要培养孩子的勇气就必须从家庭教育开始，多带领孩子参加一些具有挑战性的游戏和活动，让孩子体验勇敢带给自己的快乐，其中"篮球明星"就是这样的游戏，在这一游戏中，孩子通过模仿跳跃动作，学着调整头部的位置，锻炼协调和维持平衡的能力。这样，除了可以促进神经、肌肉及骨骼的协调发展外，对孩子运动机能的发展也有帮助。

游戏准备

家长可以在墙上贴一个小型篮球筐，也可以在家中宽敞的地方给孩子做一个带篮筐的小球架，要适合孩子的身高。

操作方法

家长可以在适当的时候和孩子一起看篮球比赛，并且边看边让孩子学着篮球明星的动作，让他踮起脚，然后跳起来投进去，很有趣，孩子一定会很喜欢玩。

训练指南

在孩子的运动机能中，有一点非常重要，那就是前庭神经系统，它最重要的功能之一就是维持平衡，我们在走、跑、跳等运动中，能保持身体的协调而不至于摔倒，并且能在遇到障碍物时迅速给出反应，这都有赖于前庭功能。

在家庭教育中，父母通过让孩子练习投篮的动作，能提升孩子的平衡、协调和身体的控制能力，锻炼前庭觉、本体感。这一动作还涉及孩子运动技能的学习和独立活动的能力，有助于孩子自信心的建立和勇气的培养。

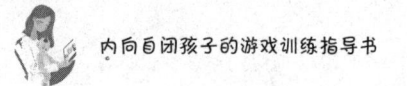

勇敢小兔子：
鼓励孩子勇敢面对问题

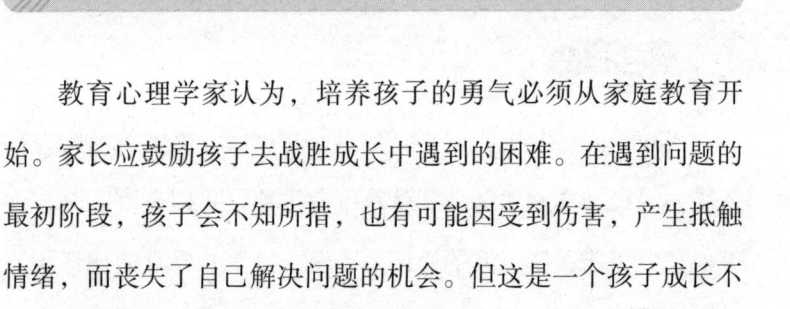

教育心理学家认为，培养孩子的勇气必须从家庭教育开始。家长应鼓励孩子去战胜成长中遇到的困难。在遇到问题的最初阶段，孩子会不知所措，也有可能因受到伤害，产生抵触情绪，而丧失了自己解决问题的机会。但这是一个孩子成长不可缺少的阶段，所以我们要放手让孩子自己解决。"勇敢的小兔子"是一个鼓励孩子勇敢面对问题的游戏。

游戏准备

数十张画有胡萝卜的卡片，把卡片散开放在场地一侧，另一端画两条平行线为小沟。

操作方法

妈妈和孩子分别扮演大灰狼和小兔子，大灰狼为了守到自己的食物，一直蹲在地上守株待兔，而小兔子则自由自在地

在萝卜地里拔萝卜。小白兔要躲着大灰狼,当"大灰狼"出现时,"小兔子"要用双腿夹住萝卜跳回"家"。

当然这些跳跃游戏必须有大人在现场陪着玩,同时地面一定要是有弹性的,如果是大理石或者其他硬质地面,必须确保安全,避免发生意外。

训练指南

孩子之所以不自信、胆怯甚至自我否定,可以说,都和家庭教育有一定的关联。常常听到家长说:"你看某某的学习多么自觉,从来不要父母操心的,你为什么就这么让人不省心?我想了好多办法,花了大价钱请了家教,你的成绩怎么还是上不去?"亲子关系研究者认为,即便是出于事实的指责,家长的态度也让孩子相当敏感。久而久之,他们便会认为自己"真的没用",或者变得消极、胆怯等。有少数孩子能在打击中越挫越勇,最后形成优秀品质,但是大部分孩子可能都不能逆风成长。长期接受父母未过滤、筛选的直白抱怨,尤其是针对自己的这些消极评价,对于培养孩子的自信心和自尊心,是十分不利的。

其实,家长也许可以尝试一下改变,别时刻摆出一副居高临下的姿态嘲笑或教训孩子。不要小看这些,自信的基石就是这样奠定的。

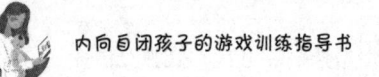

小袋鼠找妈妈：培养孩子的勇敢精神

教育心理学家认为，在合理的范围内，积极地鼓励那些内向自闭的孩子去做他们想做的事情，包括激烈活跃的活动，能帮助他们积累自信与勇气。而自信和勇气，是孩子激发自身的潜质，成就未来的前提。

攀爬、蹦跳、奔跑乃至一些竞技类的游戏可以刺激发展孩子的协调能力和胆量，当然，活动中安全必须是第一位的。除了这些竞技类活动外，家长还可以带领孩子做一些游戏，能起到同样的效果，其中就有游戏"小袋鼠找妈妈"。

游戏准备

家长先要和孩子沟通，创造出一个轻松和谐的游戏氛围，让内向自闭的孩子愿意参加游戏。

第04章 儿童勇气培养游戏：让孩子告别胆怯懦弱

操作方法

妈妈可以给孩子找来袋鼠的图片或者网上视频，然后一边为孩子描述袋鼠的长相和特点，一边设计故事，让孩子发挥想象力，模仿袋鼠的样子跳着去找妈妈。

通过这个游戏，孩子可以充分发挥自己的想象力，思考袋鼠是怎么跳着去找妈妈的。这对孩子的灵活性、机敏性都是很好的锻炼，最重要的是，找妈妈这一游戏特征能培养孩子的勇气。

训练指南

生活中，不少孩子怕走夜路，晚上睡觉要开着灯，有些孩子在看电影或电视时，当画面上出现反面角色逞凶的场面时，就用手蒙住眼睛，非要等"坏人被抓住"才敢抬起头来。这些都是缺乏勇敢精神的表现。一个怕黑夜、怕风吹、怕雨淋、怕"坏人"，甚至连虫子都怕的孩子是不容易有坚强的意志的。物竞天择，适者生存，当今社会更是一个处处充满竞争的社会，一个有竞争力的人一定要敢想敢做，而我们父母要让孩子接受来自自然和社会中的风风雨雨的锻炼，在锻炼中，孩子就在克服着大大小小的困难，同时，也在培养着自己的勇敢精神。

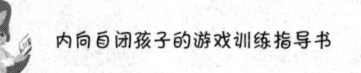

寻找宝藏：激发孩子一步步探究的兴趣

任何孩子都喜欢礼物，所以孩子们喜欢过六一儿童节、春节，因为他们那时能收到礼物，哪怕只是父母送的一支笔、一朵花，都能让他们高兴很久。利用孩子的这一特点，我们可以在对孩子的胆量训练中也加入"礼物"的因素。"找宝藏"这一游戏就十分符合这一要素。

游戏准备

为孩子准备一件神秘礼物，如他喜欢吃的糖果或喜爱的玩具；一些卡片（可以是空白的名片卡）；一个装卡片的小包包。

操作方法

（1）将给孩子准备的神秘礼物藏起来。

（2）接下来是制作卡片的过程，卡片上最好是文字和图片

配合在一起，如画一张写字台，并在上面写上"写字台"及其拼音，再分别把卡片藏好。

（3）将小包包给孩子背上，然后给他第一张"写字台"卡片，孩子就可以到写字台那边找另一张指示卡片了。

（4）依此类推，直到孩子找到神秘宝藏。

训练指南

要让孩子变得勇敢，家长可以带领孩子进行一些"涉险活动"。"找宝藏"就能达到这样的目的，不过要把卡片和礼物藏在孩子容易找到的地方，同时要确定房间里没有容易让孩子受到磕碰的地方。

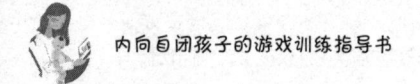

摘果子：锻炼孩子的平衡力和勇气

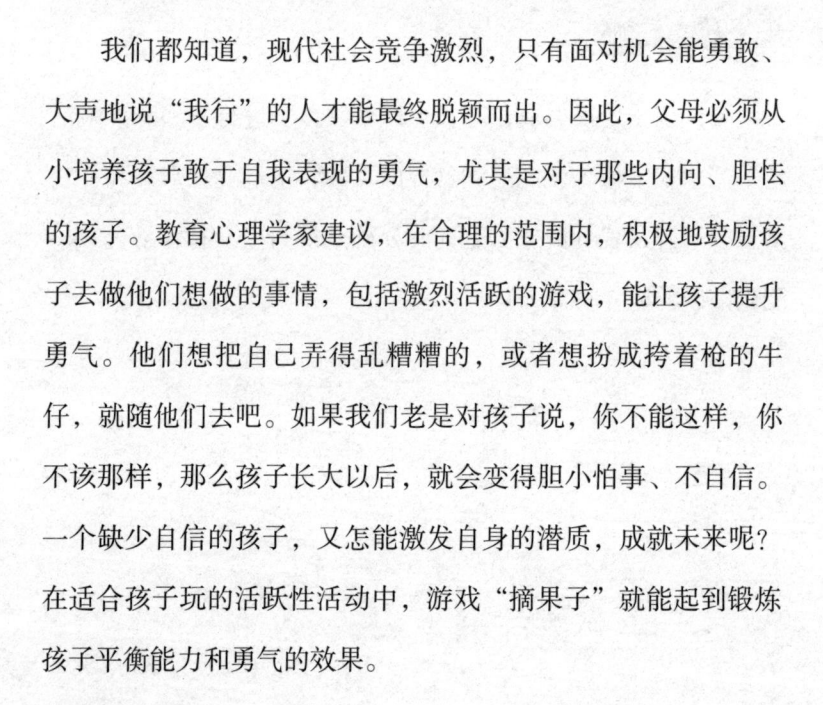

我们都知道，现代社会竞争激烈，只有面对机会能勇敢、大声地说"我行"的人才能最终脱颖而出。因此，父母必须从小培养孩子敢于自我表现的勇气，尤其是对于那些内向、胆怯的孩子。教育心理学家建议，在合理的范围内，积极地鼓励孩子去做他们想做的事情，包括激烈活跃的游戏，能让孩子提升勇气。他们想把自己弄得乱糟糟的，或者想扮成挎着枪的牛仔，就随他们去吧。如果我们老是对孩子说，你不能这样，你不该那样，那么孩子长大以后，就会变得胆小怕事、不自信。一个缺少自信的孩子，又怎能激发自身的潜质，成就未来呢？在适合孩子玩的活跃性活动中，游戏"摘果子"就能起到锻炼孩子平衡能力和勇气的效果。

游戏准备

一些颜色鲜艳的彩球。

操作方法

在位置稍高的地方挂上颜色鲜艳的彩球,妈妈要鼓励孩子跳上去抓球,孩子成功跳起摘到彩球,妈妈要加以表扬并鼓掌,嘴里要热情地鼓励他。

训练指南

家长需要明白的是,你不可能永远是孩子的保护伞,只有真正地让孩子勇敢起来,拥有积极的心态,做一个生活的强者,才能让孩子独自去面对原本就不是一帆风顺的生活,在挫折面前才不会奢望别人的帮助,才会化不利为有利,才不会在外人面前轻易流泪,也不会在困难面前手足无措、六神无主,才能成为一个强者!

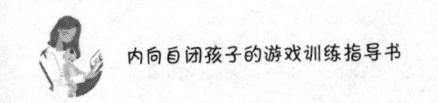

击鼓传花：锻炼孩子的即兴表演能力和勇气

胆怯、懦弱是很多孩子尤其是年纪小的孩子身上的通病。鼓励孩子加入与小伙伴的游戏中，是帮助其树立自信与勇气的一大方法。在"击鼓传花"游戏中，被选中的孩子需要做即性表演，这更要求孩子敢于展示自己。一些孩子可能会抗拒这样的游戏，对此，我们不妨先从孩子较为熟悉的环境入手，亲友聚会是个不错的选择，面对熟识的人，孩子会比较放松。比如家长可以看准时机，轻声对孩子说："今天是外婆的生日，如果为外婆唱首歌，她一定特别高兴。"要注意的是，家长不一定非得当众大声宣布，要给孩子留有余地，众人期盼的目光或是善意的笑声都有可能加重孩子的排斥心理。如果孩子还是拒绝，家长不要再施加压力，给孩子个台阶下："是不是今天没有准备好呀？那下次准备好时再唱吧。"同时，为了减轻孩子的负面情绪，还可以给他一个微笑或拥抱，或找出别的理由对孩子进行肯定。

游戏准备

道具：鼓或音乐、花。

参加人员：4人以上。

操作方法

参加的人可以是家中成员，也可以是孩子与他的同伴。一开始，大家先围成一个圈子，当击鼓者开始击鼓时，第一个人开始传送手中的球、花或其他物品，当鼓停时，花到谁手，谁就是"幸运者"，就要表演节目。表演后，花就从这个"幸运者"开始传，节目依次进行。

为了避免"幸运者"不表演节目或不知道表演什么，可提前请大家写好惩罚条。如："学猫叫3声，奖励苹果2个。"

训练指南

对于一些年幼的孩子来说，他们参与活动的愿望往往建立在游戏之中，为幼儿创设轻松愉快、毫无压抑的环境，才能激发幼儿去主动交往。在角色游戏中，因为没有了成人的直接旁观或干预，幼儿的心理环境通常是比较宽松的，容易沉浸在自己的游戏情境中，也大多流露出最自然、最真实的状态。观察中发现，无论是平常性格外向还是内向的孩子，在情绪稳定的前提下，大多数孩子在角色游戏中都乐于主动地与同伴交往，或是愉快地去接受同伴的主动交往，尤其是对于那些内向自闭的孩子来说，这对于训练他们的胆量颇有裨益。

捉迷藏：引导孩子乐于探险

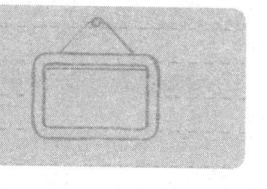

几乎所有的孩子都喜欢玩捉迷藏，尤其是喜欢充当先闭上眼睛数数，然后张开眼睛寻找同伴的那个角色。心理学家认为，捉迷藏能锻炼孩子的认知能力和社交技巧，因而受到各个年龄段孩子的喜爱。首先，捉迷藏启发了他们，让他们发现，那些暂时不在视线范围内的人其实并没有走开。随着年龄渐长，他们会从游戏中慢慢学会自己去找那些要找的东西。捉迷藏还能引导孩子从探险中获得乐趣，进而激发他们继续探险的勇气。

游戏准备

一些遮蔽物。

操作方法

当还是婴儿时，孩子就开始玩捉迷藏的游戏，比如躲在拐弯处尖叫一声，把家长吓一跳。家长也可以主动与孩子玩捉迷藏的游戏，比如找一棵树、一把椅子或一面墙躲起来，对孩子喊："我藏起来了，快来找我。"

孩子寻找时，用声音鼓励他走近。当他顺着家长的声音寻找到家长后，要拥抱和祝贺他。教孩子藏起来，通常他会露出小腿或小手在外面，家长要假装没看到，然后看到孩子时假装大吃一惊。

你可以寓教于乐，在捉迷藏时启发孩子，教他一些新词汇。比如，你可以问他："桌角是在桌子下面吗？""你觉得藏在桌子底下怎么样？"通过这种形式，孩子能更深入理解"桌角""下面""藏"等新词汇字面及字面背后的真正含义。或者，你还可以拿玩具做辅助"教学"：把一个玩具藏在身后，让他猜和找。这样，你不会对教育孩子感到厌烦，并且孩子的回答充满了多种可能性，游戏将乐趣无穷。这种方法对于各个年龄段的孩子都适用。

训练指南

在捉迷藏的游戏中，孩子需要在"捉"和"藏"两个不同的角色中进行转换，一般来说，孩子越大，执行功能发展越好，则越能够在"捉"和"藏"的身份转换中游刃有余，灵活

轻松地享受游戏的快乐。家长们在和孩子玩捉迷藏的时候，如果要给孩子做出很好的榜样，那么夸张的演技和狡猾的策略都不能少。对于3岁前的孩子，家长们可以反复使用这个游戏为孩子提供练习的机会；对于年龄大一些的孩子，家长也可以灵活运用各种儿童还没有学会使用的策略，比如声东击西、虚张声势等，为孩子执行功能的发展提供充分的支持。

传球：培养孩子坚强的个性和冒险精神

球是所有孩子都喜欢玩的一种玩具，并且它是一种可以多视觉、多角度培养孩子反应能力、运动技能及提高孩子智商的玩具。不过，球的种类很纷杂，并且玩法各有千秋，家长可以根据孩子的具体年龄来选择游戏种类，在做球类游戏的过程中，伴随着孩子身体的运动，他们的胆量与自信心都会得到提升。当然，对于一些年龄较小的孩子来说，传球是他们接触球类游戏的开端。

游戏准备

一个和孩子脑袋大小差不多的球。

操作方法

首先选择和孩子脑袋大小差不多的球（太大太小都抓不住），然后选择或清理出一块室内或室外的空间，家长坐在离

他一两步远的地方，轻轻将球滚到孩子脚边，然后鼓励他把球滚回来。孩子熟练后，慢慢扩大与他的距离。同样，家长也可以试着将球轻柔地弹给孩子，再让他弹回来。

这个游戏的乐趣在于家长和孩子要把球传得很快，家长也可以叫上几个小朋友和孩子一块儿玩这个游戏。

训练指南

除了传球外，学会滚球或让球停止都可以帮助孩子提高运动机能，可以训练他们手眼协调能力；还可帮他们培养勇气和自信，不过孩子都有一个适应社会的过程，家长不能操之过急，多给孩子机会，多让孩子接触外界，通过一些锻炼是可以培养孩子的胆量的。

第05章
儿童社交技能训练游戏：培养受人欢迎的孩子

作为父母，我们教育孩子，除了给孩子轻松舒适的生长环境、优越的生活条件、有品位的生活以外，还需要教会孩子如何自信地与人交往，而这需要我们在孩子还很小的时候就训练其与小伙伴交往的能力。要知道，一个落落大方、平易近人的人才能赢得别人的赞同、尊重和喜欢，才不会孤独，而对于内向自闭的孩子来说，人际交往能力本身就是他们的短板，这更需要父母花大力气解决，但这些孩子不会拒绝游戏，因此游戏法是一个很好的切入点。

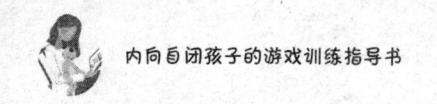

感官运动游戏：帮助孩子获得控制周边环境的能力

这一游戏适合从出生到15个月的孩子，我们的孩子本身就是细腻的，他们从出生起，就喜欢用眼睛去观察周围的世界。父母此时就应尽可能地引导孩子多多观察周围的事物，为孩子提供准确观察周围事物必需的材料。这样，孩子的想象力才有现实的基础，才会更精确，更有创造性。而"感官运动游戏"不但能提升孩子的注意力，还能帮助孩子获得控制周边环境的能力，这是孩子与周围关系的萌芽阶段。

游戏准备

无。

操作方法

对于年幼的孩子来说，学习技能的主要方法就是通过反复训练，比如一些孩子会往地上扔东西，就看父母捡不捡，这是他们试探着控制周边环境的一种方法。

我们带领孩子玩这个游戏,能让孩子注意观察家中每个成员以及日常的生活细节,提高孩子的观察力。同时也促使孩子更熟悉家庭成员,让孩子更关心他人,增进亲子关系和家庭成员之间的关系。

另外,需要注意的是,可以根据孩子的辨识能力,准备或多或少的物品。但这些准备的物品对孩子来说一定要是安全的,那些尖锐(比如刀具)、沉重、有辐射或过于贵重的物品不适合让孩子玩耍,千万不可因为和孩子做游戏而因小失大。

训练指南

作为成人,我们都知道,任何人都是社会和集体的人,都需要与人打交道,且需要朋友,其实,处于成长中的孩子也是如此,他们在很小的时候已经懂得用玩具和零食去赢得别人的好感了。我们培养优秀的孩子,其中一个重要的方面就是培养他们的情商。情商,现在越来越被人们所重视,人际交往能力在当今社会中更是起着重要的作用。

孩子有没有社会交往能力,是他以后生存的重要方面,社会交往能力强者更容易走向成功。如果儿童无法与同龄人友好相处,长大了也无法获得好的人际关系。现在许多独生子女受

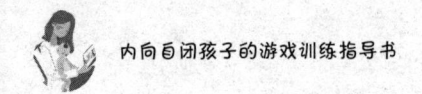

到家长们的宠爱，一旦到了幼儿园，就非常不适应幼儿园的环境，与小伙伴不能融洽相处，影响到他们社交能力的发展，这样的孩子在未来何谈成功呢？

爱心医院：通过角色游戏提升孩子的社会交往能力

教育心理学家认为，在幼儿园中，最具有社会性的一种游戏就是角色游戏了，孩子通过角色扮演，运用模仿和想象，体验并解决人与人之间的关系问题，从而消除自我中心，积极参与交往，求得与环境的融洽和谐。正如福禄贝尔所说，游戏对于幼儿的发展有至关重要的作用。在幼儿园中，角色游戏最适合幼儿身心发展的需要，是最具典型、最具特色、最具有社会性的一种交往形式。

角色游戏是幼儿对现实生活的一种积极主动的再现活动，游戏主题、角色、情节、材料的使用均与幼儿的社会生活经验有关。在角色游戏中，幼儿可以自由地发挥想象力和创造力，因而他们对角色游戏的兴趣最为浓厚，幼儿玩角色游戏的主题、角色、情节也十分多样与新颖。角色游戏是幼儿通过想象，创造性地模仿现实生活的活动，它为孩子提供了模仿、再现人与人关系的机会，为他们形成良好的社会交往能力打下基

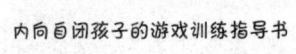

础，角色游戏的种类有很多，其中"爱心医院"是孩子们经常玩的一种。

游戏准备

（1）游戏前家长可以询问孩子关于看病的经验以及对医院的感受等。

（2）家长可以事先用家里的废旧材料做一些医院物品，如药瓶、病例卡、听诊器、针筒等。

（3）选择一个环境作为游戏的场所——医院。

操作方法

游戏开始时，大人可以将事先准备好的"医院物资"拿出来，孩子看到后会很好奇，会产生玩这一角色扮演游戏的兴趣。

比如，妈妈可以说："孩子，这是什么？你在什么地方见过听诊器和针筒？医院里有谁？他们的工作是什么？"

大人引导孩子回忆曾经去医院看病的情景与流程：挂号、看病、取药。然后继续提问："你去过医院吗？为什么去医院？去医院看病时，先要做什么？接着做什么？最后做什么？""小朋友身体不舒服的时候，要去医院看病，看病时，要先到导诊台的护士那儿填写病历，然后到主治医生那儿去看病，看完病再去药房取药。"

接着，提出游戏要求：

（1）要协商讨论，解决医院开业前的各种问题。

（2）要选择各种替代物，创设医院环境。

（3）按意愿选择角色，分工扮演医生、护士及病人等角色。

训练指南

在角色游戏中，孩子通过对现实生活的模仿，再现社会中的人际交往，练习着社会交往的技能，不知不觉中就提升了人际交往能力。游戏中，孩子们的行为要与所扮演的角色行为相吻合，要把自己放在角色的位置上。从角色的角度看待问题，必须学会共同拟定和改变游戏活动的主题。为了使角色游戏成功地继续下去，他们之间就先要协商由谁担任什么角色，使用什么象征性物品及动作；游戏中常常要改变计划，这就需要共同合作，学会从他人角度看问题，更好地解决人与人之间的交往问题。

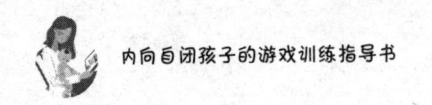

小小东道主：让孩子学会招待客人

在日常生活中，有人际交往，就有迎来送往。面对家中有来客的情况，可能不少父母会这样打发儿童："你自己玩去，妈妈（爸爸）要陪客人。"而此时，孩子会自顾自地一个人玩，久而久之，如果家里爸爸妈妈不在家，客人突然到访，孩子就手足无措了，而一些有心的父母会借此机会培养儿童待人接物的能力，让孩子参与到招待客人的活动中来，这样，长此以往，孩子便能掌握接待客人的礼仪，也就能做到落落大方地与人沟通和交往。当然，一开始，我们可以和孩子做招待与被招待的游戏，让孩子熟悉如何招待客人，孩子在实际操作中才能更为熟练。

游戏准备

爸爸妈妈可以扮演客人，让孩子扮演小主人。游戏开始时，要让他学会准备一些饮料、糖果、点心，或为小客人准备玩具、图书，创造一种迎接客人到来的气氛。

我们要告诉孩子，是什么人要来家里做客，是来干什么的，与父母的关系是怎样的，应该如何称呼等，让孩子了解这些，是为了让孩子在接待客人时有个心理准备而不至于手足无措。

父母除了在平时对儿童言传身教外，还要从口头上告诉儿童该怎么做，如当客人出现时，提醒儿童要热情招呼、称呼对方，要请客人进屋坐，请客人吃点心等。

若来的是小客人，要招待小客人吃零食、喝饮料，拿自己的玩具或者图书与小客人一起分享，或者请小客人参观自己的卧室，参观自己的小"作品"等。

鼓励或教儿童与客人交谈，必要时提供词语。如果儿童有弹琴、绘画等特长，可适当地鼓励孩子为客人表演。

另外，我们在让孩子做准备工作时，要了解儿童的特点，切忌让儿童干他不愿意干的事，如果儿童本来就胆小懦弱，但你硬是让儿童接待客人，儿童因为紧张而说错话、做错事后，会更加怯弱胆小，对客人更加冷漠。

操作方法

家长和孩子"模拟"一次拜访与被拜访的对话。这一过程中，家长要引导话题，因为孩子毕竟是孩子，对于做客与接待并不熟悉。

当游戏结束后，家长要及时对孩子的表现作评价，肯定他好的表现，指出他表现得不够好的地方并提供改进的办法，逐步提高孩子待客的能力。

训练指南

让孩子参与和模仿成人的活动，不但能提升儿童的语言能力和交流能力，还能训练儿童的勇气以及不怯场的大方风度，相信经过耳濡目染与游戏实践，孩子都会成为礼貌的小主人。孩子的人际关系好了，也会自信和开朗起来。

一起画画：难得的亲子时光

儿童心理学家认为，孩子在刚出生时只能看到黑和白两种颜色，到1岁能够辨认红色，到2岁可以掌握黄、绿、蓝三种颜色，到3岁，能够识别紫色、粉色等复合颜色，从3岁开始孩子对色彩产生了感觉和认识，开始在生活中不断寻找不同的色彩，并使用和搭配。当孩子开始喜欢涂鸦时，家长要加以引导，这样不但能尽早开发孩子的艺术感知能力，更重要的是，孩子感受到来自父母的认可，亲子关系会由此得到提升。

其实，孩子是很敏感的，作为他最亲近的人，如果父母一味地呵斥和制止他们涂鸦，对他的心理将会造成很大的伤害，这些消极的声音会严重地打击他的积极性。绘画是表达孩子内心的一种语言，是孩子的一种成长方式。聪明的父母会选择和孩子一起画画，这不仅能培养孩子的专注力，更是难得的亲子时光。

游戏准备

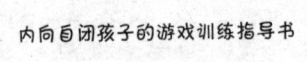

一朵花、一片树叶甚至是一些图形，越简单的事物越好。

操作方法

一开始可以先进行一些简单的画画游戏，比如妈妈画一朵花，让孩子画上一些树叶，或者妈妈画一条鱼，让孩子画上眼睛，诸如此类的小游戏，孩子会玩得非常开心。慢慢地，可以增加一些难度，画一些复杂的画，让孩子自由地填色，时间长了后，就可以教孩子临摹简单的画或者自由想象着画画了。

训练指南

在亲子绘画时光中，我们不要认为孩子画得像就是画得好，要知道，我们的目的是激发孩子的画画兴趣和培养他们的艺术感知能力，是为了激发他们的艺术细胞，更是为了和孩子好好相处，而不是为了临摹。此时，我们要恰到好处地对其作品给予具体的肯定与鼓励，这样能够极大地提升孩子的自信心，增强孩子对艺术的热爱。当然，鼓励与表扬的语言要具体，比如："你这幅作品的人物的脸画得很有立体感，色彩运用上也朴素大方哦！"原来对自己并不自信的孩子，听到你的鼓励后，一定会信心十足起来。

一起插花：在开启儿童审美启蒙的同时拉近亲子距离

儿童是天生的艺术家。每个儿童都天生拥有着游戏的精神和艺术的心灵。艺术大师罗丹说，世界上不缺少美，而是缺少发现美的眼睛。每个儿童内心深处都有一种审美的潜能，是否能发现美只是取决于它是否能够被浪漫地唤醒。对儿童的审美启蒙，可以从儿童最喜欢的花开始。和孩子一起插花，不但能让孩子学会欣赏美，还能加深亲子关系。

游戏准备

家长可以去花店买一些花，或者去野外采一些花，再准备两把剪刀，两个花瓶。

操作方法

这一游戏适合已经有一定动手能力的学龄前孩子。

第一步，家长可以这样引导孩子："孩子，今天我们来做个有趣的游戏吧,我们将这些花组合好插入花瓶里,看谁插出来的好看,好吗?"

第二步,当孩子同意后,妈妈可以先拿起剪刀,剪一朵花放进花瓶,让孩子跟着学,如果孩子做得不好,不要指责,也不要干涉,让孩子自由发挥。

第三步,当"作品"完成后,无论孩子的成果是怎样的,都要给予鼓励,最好将孩子的"作品"摆放起来,让其他家庭成员都看到,孩子被鼓励后,会有继续探究如何插花的欲望。

训练指南

插花,与人们认为的传统意义上的少儿手工课不同,让孩子学习插花,让他们看到花开花谢的过程,能让他们感受生命的意义,培养孩子对大自然的认知,另外,还能培养孩子的观察能力、动手能力和逻辑推理能力。

除了插花以外,家长还可以和孩子一起做手工,这对孩子尤其是内向自闭的孩子来说将会是一种极大的乐趣。语言交流能力是内向自闭孩子的短板,他们更擅长通过手工来表达内心,而且在手工制作的过程中,还能增加亲子交流的机会,促进亲子关系。陪孩子一起玩,一起绘画,一起做手工,可让孩子手脑并用,更健康地成长。

小朋友爱干净：
让孩子明白干净整洁才会被喜欢

教育心理学家指出，在儿童还很小的时候，就要对其进行良好的行为习惯培养，这对于儿童一生都有重要且积极的影响，因为幼儿教育是启蒙教育，也是人类奠基的教育。父母教育儿童不可打骂，更不可粗暴，而是需要智慧和耐心。我们要为儿童制订合理的内容和教育方式，要鼓励年幼的儿童树立自信，养成好的行为习惯，要让儿童持之以恒，还要给他们起榜样、示范的作用，利用多种机会对他们进行教育，培养他们良好的习惯。而在儿童的多种好习惯中，保持干净卫生是十分重要的一种，这个好习惯，我们可以通过游戏训练孩子获得。

游戏准备

小鸭、小鸡、小狗和小猫等小动物的图片。

操作方法

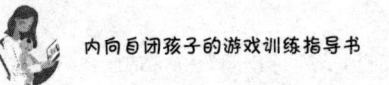

家长先拿出小动物的图片,让孩子认出图片上的动物后模仿其叫声,孩子模仿完以后,大人要告诉孩子,这些小动物都很爱干净和卫生,总是会提醒我们衣服脏了要换,指甲长了要剪等。然后家长边模仿小动物们的动作,边教孩子唱儿歌《小朋友爱干净》:"小鸭叫,嘎嘎嘎,叫我剪指甲;小鸡叫,叽叽叽,叫我擦鼻涕;小猫叫,喵喵喵,叫我把脸洗;小朋友,爱干净,人人都喜欢。"

训练指南

作为父母,我们要知道,虽然教导儿童保持干净卫生是一件小事,但对于儿童的礼仪形成却极为重要。要知道,没有谁愿意和那些不修边幅的人打交道。让孩子养成爱干净、爱卫生的习惯,这对于孩子的健康也大有裨益。

猜猜我是谁：加强孩子与家人的交流沟通

儿童的社会交往能力培养，要从游戏开始。专家指出："幼儿园教育应尊重幼儿的身心发展和学习的特点，以游戏为基本活动。"德国幼儿教育家福禄贝尔在《人的教育》中也说道："儿童早期的游戏，是具有深刻意义的，是一切未来生活的胚芽。"可见，游戏对于儿童早期的发展有着至关重要的作用。而除了幼儿园中的游戏外，家庭中的亲子游戏也尤为重要，其中，"猜猜我是谁"这一游戏就能加强孩子与家人之间的沟通和交流，能增长孩子的社会常识，对孩子未来的社交能力发展起到奠基作用。

游戏准备

眼罩；家人齐聚的休闲时刻。

操作方法

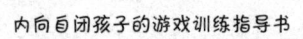

给孩子戴上眼罩，家人围坐一圈，然后每个家庭成员都摆出一个姿势（注意不要发出声音），让孩子去摸，并猜摸的人是谁，在家经常做什么事情，从事什么职业，在什么地方工作等。当然，前提是家长此前曾把自己的工作内容给孩子做过介绍，孩子有所了解，而此时家长所摆出的姿势也与自己的工作联系非常大。比如爸爸是程序员，就摆出打电脑键盘的姿势等。

训练指南

好的家庭氛围可以给孩子带来良好的情绪示范，而且家长热情、乐于助人、关爱他人的美好品质也会给孩子带来积极的影响。所以家长一定要做好孩子的榜样，帮助孩子树立起正确的"三观"。当然，孩子越大，越需要多层面地体验人际关系。所以4岁之后，家长要进一步拓宽孩子的游戏空间，让孩子多和比自己年长或年幼的小朋友玩耍，让他在大带小、小跟大的游戏形式中学会谦让和友好的行为品质，从而更好地学习社会交往技能。

丢沙包：让孩子学会与人进行社交互动

对于内向自闭的孩子来说，他们很难恰当地使用语言、表情及动作表达自己的思想，不能很好地与同龄伙伴进行沟通交流，尤其是在互动、分享、产生情感等方面存在困难。孩子欠缺社交能力，在社交中就会显得非常被动。我们要做的是让孩子主动地去关注他人，主动与别人建立联系，相互交流，从而提高他们的社会功能。其中丢沙包也是一项能训练孩子手眼协调能力，促进孩子主动与人分享、互动的游戏。

沙包是中小学体育课上用以练习投掷的一种器材，一般在用厚布织成的小袋中填入干黄沙，体积稍大于棒球。沙包游戏，不仅是一项体育游戏，而且可以通过说、唱、画、捏、数等认知活动来进行各种领域的教育活动，既丰富了幼儿的活动内容，又可培养幼儿热爱民间艺术活动的情感。

游戏准备

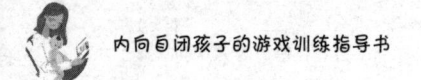

自制沙包、几个又高又轻的塑料瓶、杯子和空罐。

操作方法

父母找来几个塑料瓶、杯子和空罐子,然后向孩子演示如何用沙包将这几件物品击倒。如果没有做沙包,也可以用几个大小不等的小球来代替,还可以让孩子坐在不同的距离扔。先让孩子坐着扔,一旦孩子熟练掌握了,就让他站着扔,并让孩子收集被击得满屋的东西。

朝目标扔沙袋或球,能帮助孩子发展手眼协调能力,增加对因果关系的理解。这个游戏也可以轮流玩,轮流玩对以后孩子的社交互动能力发展非常重要。

训练指南

孩子到了三四岁以后,就更喜欢一些社交游戏,但是他们依然不懂得如何与其他人合作,例如,当孩子们在共玩一盒积木时,他们每个人在做自己的建造,此时就是引导孩子的最佳时刻,比如,引导孩子和其他孩子商量"让我们一起建房子吧!"提供孩子们社交的机会,并教他们一起与别人做

什么和不做什么。例如，不要太傲气。教他们共同分享的技能，能促他们进语言发展，提升问题解决技巧和在游戏中互相合作。

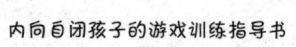

可怜小猫：让孩子在游戏中建立友谊

人际交往是一门学问，童年是培养一个人交往能力的重要时期，这是积累人生阅历和社会实践能力的重要时期。然而，对于一些年幼的孩子来说，他们对父母还很依恋，因此很多孩子不敢与人交际，对此，教育心理学家认为，家长要关注孩子成长，别把孩子的不自信当成内向和害羞，一旦发现孩子不自信，就需要根据孩子的特点进行引导，让孩子喜欢交往，擅长交往。但家长也不必担心，孩子性格可塑性很大，及时正确引导，是完全可以取得效果的。

在日常生活中，家长要创设机会，给他与人接触的机会。你可以带孩子参加故事会、联欢活动等，还可以经常带孩子走亲访友，或把邻居小朋友请到家中，拿出玩具、糖果、画报，让孩子慢慢习惯于和别的孩子交往。孩子通常需要安全感，所以起初有家长在一旁陪伴，会让他比较放心。另外，爸爸妈妈还要多鼓励孩子与其他小朋友一起做游戏，在游戏中建立友谊，其中，"可怜小猫"游戏就是一个令人发笑、趣味十足的游戏。

游戏准备

可以全家集体参与，也可以让孩子和其他小朋友做这个游戏。

操作方法

在家庭成员中，选择一个人当小猫，其他人将小猫围在中间坐下。

小猫走到任何一人面前，蹲下学猫叫。面对者要用手抚摸小猫的头，并说："哦！可怜的小猫。"这一动作看起来很好笑，但是绝对不能笑，只要发笑就视作输了，输了之后就要换一个人当小猫，抚摸者不笑，则小猫叫第二次，不笑，再叫第三次，再不笑，就得离开找别人。

当小猫者可以装模作样，以逗对方笑。

训练指南

生活中，每个孩子都是善良的，天生都喜欢小动物，在这一游戏过后，妈妈也可以引导孩子产生对小动物的爱心。

告诉孩子要把小动物当作自己的朋友。不要将收养的小动物当成玩具来玩弄，必须为饲养它而付出时间心力，要为小动物的生命负责。可以告诉孩子："也许刚开始，由于没有经验，饲养小动物的技能不熟练，此时，你可以寻求父母的指导和帮助，久而久之，当你熟练了以后，就可以自己去做了。""不要饲养在野外自由生活的动物。比如鸟、野兔等，也不要欺负小动物，哪怕只是一只小蚂蚁。因为小动物会疼，它们也有感觉。"

第06章

儿童合作技能训练游戏：尽早培养孩子与人合作的意识与能力

作为家长，我们都希望孩子在未来能"得道多助"，能得到他人的协助与支持，而这需要我们在孩子还很小的时候就训练其与小伙伴合作与交往的能力，这一点，对于那些本就内向自闭的孩子来说更有意义。培养孩子与人合作和交往的能力，我们也可以从游戏入手，鼓励孩子加入到集体协作的游戏中，让孩子与他人互动起来，孩子会逐渐学会与人配合、分享以及交往。

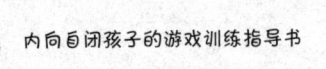

搬运大箱子：
让孩子获得互相帮助的满足感

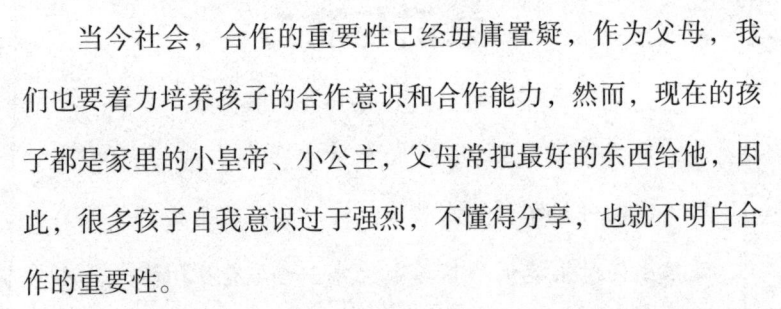

当今社会，合作的重要性已经毋庸置疑，作为父母，我们也要着力培养孩子的合作意识和合作能力，然而，现在的孩子都是家里的小皇帝、小公主，父母常把最好的东西给他，因此，很多孩子自我意识过于强烈，不懂得分享，也就不明白合作的重要性。

善于运用人际关系本来就是孩子天生的能力，我们教养孩子的重要目标之一，也就是要培养孩子的情商，让孩子懂得运用人际关系来走向成功。让孩子从小明白合作是成功的捷径，孩子就会在奋斗的过程中事半功倍。对于内向自闭的孩子来说，我们可以带领孩子做游戏，这些孩子虽然不善与人合作，但他们不拒绝游戏，其中，搬运大箱子这一游戏，就能让这些孩子获得互相帮助的满足感，进而愿意更进一步与人交流和合作。

第06章
儿童合作技能训练游戏：尽早培养孩子与人合作的意识与能力

游戏准备

一些大纸箱子、两根杆、薄板。

操作方法

在两根杆之间搭上薄板，然后做成一个架子，再将大纸箱放在架子上。大人再示范怎样合作将箱子运送过去，然后把"运输工具"交给孩子们，让孩子继续来完成。

在孩子的玩耍过程中，不要干涉他们的协作，也不要干涉他们怎样邀请小朋友来帮助他们。对于稍大一些的孩子，还可以让他们学着担水。

这个游戏能让孩子学会用自己的方式邀请其他小朋友，从而获得他们想要的东西，是一个让孩子学习协作的好方法，鼓励孩子在游戏中学会合作，获得互相帮助的满足感。

训练指南

除了快乐的小游戏，家长在日常生活中还可以引导孩子参与更多合作过程，促进孩子的社会性发展，培养他的协作意识和分享精神。如果孩子也想要玩别人手中的玩具，你要让他学会征询别人的意见："请问我可以和你一起玩这个玩具吗？"

同时你也要不忘教导孩子去将心比心："如果别的小朋友拒绝给你玩这个玩具，你是不是会不开心？"孩子学会理解，慢慢地便懂得分享的重要。

当你带孩子外出散步的时候，看到邻居正在抬一个重物，你可以主动上前帮助邻居，并鼓励孩子和你一起搬运。给孩子更多动手的机会，家长的示范力量不可忽视，让孩子有更多机会实践合作精神。

第 06 章
儿童合作技能训练游戏：尽早培养孩子与人合作的意识与能力

筷子滚乒乓球：考验孩子的沟通合作能力

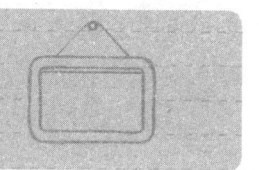

当孩子到了3岁以后，他们就开始进入幼儿园。幼儿园与家庭完全不同，在这一集体内，孩子一起生活，一起学习，一起做游戏，更需要孩子有合作能力，而对于那些内向自闭的孩子来说更是如此了。为此，我们家长在孩子入园前就要训练孩子与人合作的意识与能力。"筷子滚乒乓球"这一游戏就很考验孩子们的沟通合作能力，同时还可以让孩子在游戏中理解简单的物理现象，并促进孩子身体协调性发展。

游戏准备

准备一双筷子和一个乒乓球。

操作方法

妈妈和孩子水平端着筷子的两头，然后让爸爸在筷子上放一个乒乓球，要注意筷子两端高度和距离，防止乒乓球掉在地

上，然后将乒乓球合作"运输"到指定的位置。也可以把游戏材料交给孩子们自己去玩，不要太多指导，如果你愿意，就为他们捡球吧！

训练指南

作为孩子的父母，要大胆、积极地为他们的人际交往创造条件，培养他们与人合作的能力和意识。将来，在孩子遇到一些生活和社会难题的时候，便能借助与人合作的力量解决。另外，通过人际交往和同学间的必要合作，能够帮助孩子改变和矫治不良的心理品质。当孩子具备一定的能力和品质的时候，也就具备了成功成才的条件！

猜五官：让孩子学会信任他人

作为家长，我们都知道，任何一个生活在科学技术高度发达环境里的现代人，要想有所作为，就必须善于与人合作，依靠人与人之间的友谊和信赖，从彼此身上得到帮助和启迪。与人合作能力的强弱，已成为当今世界人才的重要素质之一，能够与人很好地合作，是一种良好的心理品德。作为未来社会接班人的孩子也必须要有这种认识和能力，但现在的孩子都是父母的心肝，父母常把最好的东西给他，因此，很多孩子自我意识过于强烈，不懂得与人配合，也就不明白合作的重要性。培养孩子与人合作的能力，可以从孩子们喜欢的游戏开始，"猜五官"就是其中之一。在这一游戏中，家长要告诉孩子必须做一个让人信赖的人。人与人之间只有互相信赖，才能互相合作。而要能够让别人信赖，就要做到遇事先为别人着想，为人处世要讲信用，做到言必信，行必果。

游戏准备

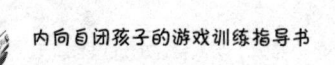

营造轻松和谐的游戏氛围。

操作方法

妈妈和孩子两人面对面。妈妈可以先开始,指着自己的五官任何一处,问孩子:"这是哪里?"

孩子必须很快地回答妈妈的问题,例如妈妈指着鼻子问这是哪里的话,孩子就必须说:这是鼻子。同时孩子的手必须指着自己鼻子以外的任何其他五官。

如果过程中有任意一方出错,就要受罚。

3个问题之后,孩子和妈妈互换角色。

训练指南

我们发现,一些孩子在入学前,为竞争做的准备,远远超过了为合作做的准备,即便是我们家长也是这样的思想,即认为孩子最重要的是学习成绩的提高,是要赶超其他学生,是要考第一名,而我们没有想到的是,即便是那些学习上的佼佼者,也未必比那些成绩差的孩子更开心,这是因为他们的内心是自私的,提高成绩是他们唯一的目标。

第06章
儿童合作技能训练游戏：尽早培养孩子与人合作的意识与能力

其实，人与人之间的关系应该是平等的、合作的，而非竞争的，只有认识到这一点，孩子才能学会相互合作和帮助。

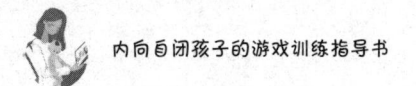

开火车游戏：让孩子学会遵从团队规则

随着现代化生活的日益发展，人们彼此密切合作，共同劳动的需要也多了，任何人，要想有所作为，就必须善于与人合作，而对于那些本身就内向自闭的孩子来说更有必要了，与人合作是他们打开内心世界的重要一步。然而，我们要让孩子学会与人合作，首先要让他们树立规则意识、清楚自己的位置。"开火车"游戏是一个竞赛类游戏，这一游戏告诉孩子们，每个人都要在团队中发挥自己的作用，只有这样，团队才有可能在竞争中获胜。

游戏准备

这个游戏要3人以上参与，一家三口就可以完成，当然如果有爷爷奶奶或其他人参加，那就更好了。为了叙述的方便，现以3人为例。

第 06 章
儿童合作技能训练游戏：尽早培养孩子与人合作的意识与能力

操作方法

三个人围坐一圈，分别代表不同地方的火车站名，游戏时，每人报上一个站名，其他人就要接着用语言来开动"火车"。如，爸爸当北京站，妈妈当上海站，孩子当广州站。爸爸拍手喊：北京的火车就要开。大家一齐拍手喊：往哪开？爸爸拍手喊：广州开。于是，当广州站的孩子要马上接口：广州的火车就要开。大家又齐拍手喊：往哪开？孩子拍手喊：上海开。这样火车开到谁那儿，谁就得马上接上。火车开得越快越好，中间不要有停歇。谁没有接上，就要被踢出局，可以让家中剩下的成员补上。

训练指南

开火车游戏很简单，但是通过简单的游戏却可以很好地增进亲子之间的感情，另外这种游戏由于要做到口、耳、心并用，因此能让注意力高度集中，同时也锻炼了孩子的思维快速反应能力，而且这种游戏能活跃气氛，调动人的积极性，孩子玩起来往往乐此不疲。

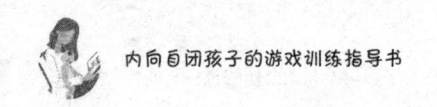

顶球竞走：训练孩子的集体观念与团体协作能力

研究表明，无论男孩还是女孩，运动都能够增强孩子的自信心，发展孩子的交往能力。家长不妨多和孩子玩一些体育运动，如球类游戏、赛跑游戏等，引导孩子学会交流的最好时机是在他进行最喜欢的活动的时候。一般来讲，在大人与小孩子，或者孩子与孩子互动玩乐、运动的时候是孩子最放松的时候，也是引导他与人交流的最好时机。在诸多运动竞技类游戏中，顶球竞走是小朋友们都喜欢的一种团队趣味比赛，这一比赛能训练孩子的集体观念与团体协作能力，对于内向自闭的孩子来说，这一游戏更能让他们融入集体，培养他们的人际交往意愿与技能。

游戏准备

吹好的气球十余个，橡皮筋十余根。

操作方法

（1）全体分成数组，2人为一小组。

（2）设定竞走的距离与目标。

（3）开始时，2人用额头互顶气球向目标前进，绕一周回来，时间最短者为胜。

训练指南

这一游戏还有很多其他有趣的玩法：

（1）竞赛者站在起跑线上，两脚并拢，脚踝骨夹着一张折起来的报纸。哨声一响，向终点跳去，然后再转回来。跳得快且报纸没掉者为胜。

（2）每人头上顶一个苹果，或在鼻尖上放一块糖，从起点到终点，再转回来。走得快且苹果或糖没掉者为胜。

（3）两人组成一对，面对面，侧身用右手把对方伸出来的脚紧紧握住。竞赛开始，每对竞赛者都用独脚侧身向对面跳去，再跳回原处。跳得快而没撒手或没摔倒的一对为胜。

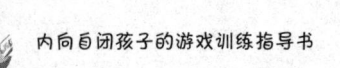

踩气球：增进孩子的团队协作能力

踩气球的游戏利用个人或集体对抗的方式，培养游戏者的灵活性，能培养孩子的团队协作能力。

这一游戏适合年龄稍大、强壮、会走会跳的孩子，这些孩子喜欢练习大肌肉的技巧，手眼合作完善，食量大增，非常好动，尤其喜欢竞争游戏。这就是为什么国家要求幼儿园一定要有足够的户外活动场地和充足户外活动时间。

游戏准备

人数为10名，男女生各半，一男一女组成一组，共5组。

每个人2个气球以及2根橡皮筋，并请大家吹好气球后绑在小腿踝关节处。

操作方法

将参赛者分成人数相等的两队，分散在规定的区域内。发令后，双方队员在保护好自己的气球不被对方踩破的前提下，千方百计地踩破对方队员的气球。以一方全部队员的气球被踩破为负，另一方为胜。

游戏规则：只准踩气球，不得故意踩对方的脚；不得故意用手推对方；被踩爆气球者立即退出比赛；跑出规定区域者视为气球已破，不得再继续比赛；在游戏过程中，如果气球不小心漏气或是跑掉，一律当作被踩爆。

训练指南

这一游戏还有一些趣味玩法。

玩法一：所有过程采取单兵作战，没有队形。

玩法二：同一小队的人两两一组（最好是一男一女为一组），以勾肩或一只手绑在一起的方式进行。

玩法三：同一小队排成一列，以搭肩的方式进行。

玩法四：所有的人围成一个圈，每回合每队派出3个人在场中比赛，有点像是摔跤赛的形式。

玩法五：每个人发给4个气球，分别绑在双脚上。

拔河比赛：
培养孩子的集体荣誉感

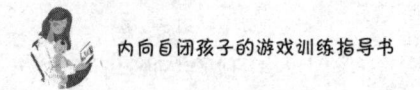

玩耍是孩子们的天性，也是孩子们童年的美好回忆。但是随着科技的发展，似乎孩子们变得很少参加活动，而是对着游戏机玩自己的游戏，这一点，在那些内向自闭的孩子身上尤为明显，那么是否可以通过一些活动来加强孩子们之间的联系，增进彼此的了解，建立友谊，培养团队意识呢？答案是肯定的。

比如拔河游戏，这一游戏可以帮助孩子们建立起团队意识，就像一个乐队的队员会建立起友谊，孩子们同样可以通过参加合适的活动建立起团队意识。缺乏团队意识的孩子，走上社会后，无法与他人合作，也就无法获得他人的帮助，难以融入社会，甚至无法去维护一个幸福的家庭。

游戏准备

一根结实的绳子，两队孩子。

操作方法

以下是专业人士总结出的一些拔河技巧。

排序：在参与游戏人员的排序上，不要按照力气大小来排，而应该按照体重，从绳子末端到最前线，依次由重到轻排列。

在人员安排上，要保证留有一定的距离，否则一旦游戏开始很容易发生踩踏事件。下身一定要站得稳！排队伍前面的力量大点，尾巴上重量大点。

握绳：要强调一点，比赛前必须要将绳子拉到最直，否则后面的人再用力，绳子是弯的，也就用不上力了；所有人的力都要向正后，否则一部分力会被自己人的力抵消，事倍功半。

重心：在开始游戏时，双方队员的身体要倾斜45°以上；前面把绳子尽量压低，重心低一点不容易被人拉跑；反过来，如果前面重心高了，后面的绳子也会高，就会用不上力。人的重心要在后面，就是脚在前，身子在后；不要用手的劲要用身体体重来拉。

锚人：这是全队的主角，与其他队员不同，锚人可把绳索从腋下绕过背部到另外一边肩上，再绕过腋下后夹紧，把绳索夹在右腋下，挂在左肩又夹入左腋，这样才能将全队的力量发挥出来，以取得比赛的胜利。

训练指角

拔河为双方各执绳一端进行角力的体育活动，属于我国的传统运动项目。早在春秋战国时期，就有拔河这项活动，不过在那时不叫拔河，而称为"钩强"或"牵钩"，后演变为荆楚一带民间流行的"施钩之戏"。现在，有很多中小学的老师们课间会安排同学们进行这项体育活动，此项体育活动可以锻炼孩子们的团结能力，提高孩子们的团结意识。

第06章
儿童合作技能训练游戏：尽早培养孩子与人合作的意识与能力

跳井游戏：从家庭开始训练孩子的集体意识

任何一个孩子，都要从家庭进入集体，他们会在集体活动中体会到快乐，体会到完成整个活动的成就感、满足感。那么，如果一个孩子畏惧集体、孤僻，怎么办？具体方法有很多。比如，他不跟小朋友玩，那总能跟父母玩吧。家长可以和他一起玩互动游戏，如踢球，至少需要两个人踢，两人传球、配合，他踢出感觉后，会明白集体活动跟独自玩有不一样的快乐。之后，可以叫他试着跟别人踢，这样可以慢慢地让他适应和他人的互动交流，慢慢地让他喜欢集体活动，并逐渐加入小朋友的活动里。适合家庭成员在一起做的游戏有很多，其中就有全家共同出动的"跳井游戏"。

游戏准备

全家人共同参与。

操作方法

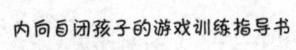

在家里，全家人可以围坐成一圈，每人说一个词："青蛙→跳井→几声→3声→咚→咚→咚"（"咚"的个数与前面所说的"几声"要一致），每个箭头代表一个人说，看谁不能完整地表达出每一个环节。

如一人说完"青蛙"，第二个人说"跳井"，而第三个人就直接说"3声"，而如果忘记问"几声"这一环节，就视为犯规，每人说一个"咚"，依次往下排，看谁多说或少说。

这一游戏并不限制人数，全家人可以一起玩，也可以循环进行，不过需要注意劳逸结合，孩子累了应适当休息。

训练指南

跳井游戏不但可以在亲子之间进行，当孩子和其他小朋友一起，或者进入幼儿园以后也可以做，这一游戏能引导孩子理解并遵守游戏规则，按不同任务要求进行游戏，激发孩子与人合作的能力，并培养有意注意和专注力。

街边小店：让孩子学会分享

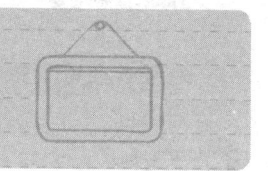

在家庭教育中，很多父母已经认识到与人合作能力的重要性，因为孩子早晚要步入社会，要在群体中生活，这一点对于那些内向自闭的孩子来说尤为困难，只有与人分享，才能得到别人的信任、支持和尊重，因此，父母们希望孩子学会与人分享，养成慷慨、大方、谦让的美德。

在我们的生活中，有不少自私自利、不愿意与人分享的孩子，具体表现在：只顾自己，一切以自我为中心，尤其是在金钱和财物上特别吝啬、贪婪。自己的东西无论如何不会给别人，而又特别希望得到别人的东西。这样的孩子很难有知心朋友，所谓分享，是指将自己喜爱的物品、美好的情感体验及劳动成果与他人共享的过程。"分享"意味着宽容的心，意味着协同能力、交往技巧与合作精神，这些都是孩子应具备的重要素质。要培养孩子乐于分享的品质，我们可以从游戏开始，其中"街边小店"这一游戏就能达到这样的训练目的。这一游戏

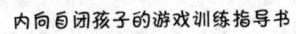

能让孩子发现自己的价值和独特性,并和他人分享这些特质。

游戏准备

给孩子准备一张4开画纸,以及颜料、水彩笔、记号笔。

操作方法

利用这些材料,家长可以指导孩子制作一个"电影布景",在布景上有一条街,在街道两边是一家家街边小店。

接下来,让孩子选择一个商店类型,然后布置商店,比如外面要有海报、招牌,商店内要有商品,这些物品要能体现孩子的独特性。比如,喜欢打篮球的孩子可以放一个篮球,喜爱读书的孩子可以在店里多放些书,喜欢模型的孩子可以在店里多放些汽车模型等。

训练指南

在家庭教育中,父母应该采取积极的教育态度,当幼儿表现得不愿分享时,家长要告诉孩子好东西要同大家一起分享,同时在平时生活小事中不忘教育提醒孩子分享。家长要让孩子在和别人交往中,自己决定什么东西在什么时候是否分享,父母只能引导,不能强迫,要用正面教育的方法。教孩子和朋友

分担痛苦，他的痛苦就会减少许多，教孩子和朋友分享快乐，他的快乐就会成倍增长。学会了分担和分享，他的生活就会遍布阳光，这样的孩子才是内心健康、人格健全的，才能迎接未来社会的挑战！

第07章

儿童耐挫力提升游戏：培养意志坚强的孩子

儿童教育心理学家指出，对于成长中的儿童来说，挫折是一种珍贵的资源，也是一种人生的财富。的确，只有经历过挫折的孩子，才能有更强的意志力、适应能力，才能直面未来的社会竞争。当然，我们的孩子终究还只是孩子，如果他们不能以积极乐观的心态面对挫折，很容易被挫折打垮，尤其是那些本身就内向自闭的孩子，如果没有父母的引导和帮助，很容易一蹶不振。那么，如何训练孩子的意志力呢？本章我们将总结出几种游戏训练方法，可供家长学习。

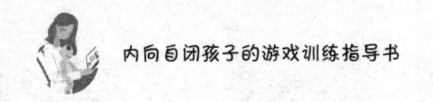

木头人游戏：训练孩子的耐力与专注力

在任何一场游戏中，孩子如果想在游戏中取胜，就必须努力集中自己的注意力，尤其是那些难度系数大的游戏，更需要坚忍，这样获胜的概率才会更高。所以我们平时可以鼓励孩子多玩一些有挑战性的游戏，如木头人游戏，这一游戏需要孩子有高度的专注力以及耐力，对于提升孩子的意志力大有帮助，尤其是对于那些内向自闭的孩子来说，意志力的提升也有助于改善他们性格中的弱点部分。这个游戏可以在家经常玩，很多孩子都喜欢。

游戏准备

全家人一起参加。

操作方法

（1）全家一起喊口令："我们都是木头人，不许说话不许

动,不许走路不许笑!"

(2)口令完毕,全场立即安静,身体保持不动。

(3)如果有一人先忍不住说话,或者禁不住发笑,又或者身体动了,就被视为失败,其他人可以对其进行惩罚,但是惩罚不是体罚,可以稍微打一下他的手心,并且说口令:"你为什么假扮我们木头人,木头人不说话!"

(4)然后再开始下一轮木头人游戏。

木头人游戏还有另一种玩法:选择一个空旷且安全的区域,然后划定一个起点,一个终点,其中一个人闭上眼,叫"一、二、三",听到口令后的其他人可以行动,要尽快到达终点,到达终点的人可以自由活动。当闭眼的人说"木头人",并转过身的时候,他要看到其他人不动,直至他再次回头闭眼。如果闭眼的人转身看到有人动了,则这个人就出局。

有一句儿歌反映了游戏规则:"我们都是木头人,不能说,不能笑,不能叫,也不能动,我们都是木头人,看谁做得最最好!"

训练指南

一位心理学家曾做过一个实验:他让孩子在游戏和单纯完成任务这两种不同的活动方式下,把各种颜色的纸分别装进与

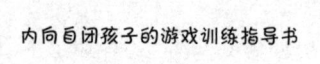

之同色的盒子里，并观察孩子的专注时间。

结果他发现，在单纯完成任务的情况下，4岁的孩子能坚持17分钟，6岁的孩子能坚持62分钟；而用游戏的方式装纸条，4岁的孩子能坚持22分钟，6岁的孩子能坚持71分钟，而且分放的纸条数量比单纯完成任务要多50%！

这个结果告诉我们，游戏能引起孩子极大的兴趣，同时也能让他的注意力更加集中、稳定。

第07章
儿童耐挫力提升游戏：培养意志坚强的孩子

串彩珠：磨炼孩子的耐心和创造力

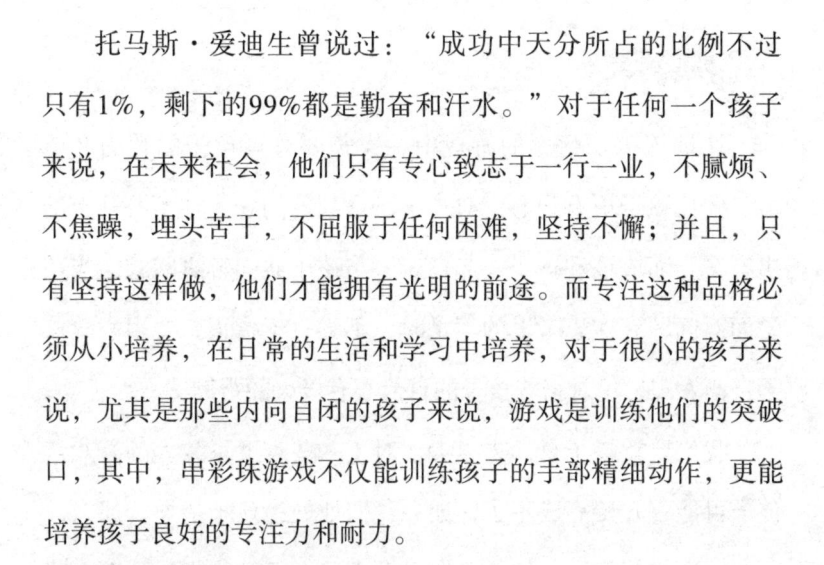

托马斯·爱迪生曾说过："成功中天分所占的比例不过只有1%，剩下的99%都是勤奋和汗水。"对于任何一个孩子来说，在未来社会，他们只有专心致志于一行一业，不腻烦、不焦躁，埋头苦干，不屈服于任何困难，坚持不懈；并且，只有坚持这样做，他们才能拥有光明的前途。而专注这种品格必须从小培养，在日常的生活和学习中培养，对于很小的孩子来说，尤其是那些内向自闭的孩子来说，游戏是训练他们的突破口，其中，串彩珠游戏不仅能训练孩子的手部精细动作，更能培养孩子良好的专注力和耐力。

游戏准备

彩珠、较硬的绳子。

操作方法

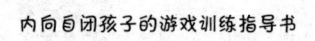

父母教孩子一颗一颗地把彩珠串起来，一边穿一边说："小珠子，圆又圆，上面开个小洞眼，我拿小绳往前钻。"可以将穿好的彩珠围在他的脖子上或戴在手腕上，当作"项圈"或"手链"玩。

训练指南

在训练孩子耐力的游戏中，家长要尊重孩子的智力和能力，要比孩子更有耐心。对于孩子遇到的问题，你不必马上给出答案，而应该和孩子一起钻研，与孩子共同解决问题。当孩子面对问题有在思考上的不足时，不必急于指正，要耐心等孩子自己发现，这对培养孩子的自信心有极大的帮助。

我们要让孩子自己去思考，对于一些难度系数大的游戏，孩子可能一开始完成不了，如果我们处处为孩子指导，那么，他就会形成依赖性，往往不会主动去思考而等待你的帮助，因此，要想让孩子养成动脑的习惯，遇到问题时我们不妨示弱，让孩子自己去分析，在此基础上再教给孩子分析问题的方法、考虑问题的思路。经过长期的训练，孩子遇到问题后自然就知道该如何思考了。

扔硬币游戏：让孩子明白输赢都是常态

谈及教育，最盛行的就是赞美教育，"告诉孩子，你真棒！"是我们这个时代爸爸妈妈们最熟悉的教育方式。但是现在的孩子却又普遍经受不了挫折，尤其是那些性格本就内向自闭的孩子，而我们教育孩子最重要的一点就是教孩子正确对待失败，告诉他在失败时如何尽快调整好心态，要让孩子明白挫折是生活的一部分，因为孩子在成长的过程中必然会面对数不清的挫折，需要他充分发挥自己的能力和潜能去获取成功。这种教育方式能强化孩子的坚强意志，增加他们的定力，为他们今后走向社会，在激烈的竞争中脱颖而出打下基础。培养孩子的耐挫折能力，我们依然可以从游戏入手，而"扔硬币"游戏就能达到这样的目的。

游戏准备

1元硬币。

操作方法

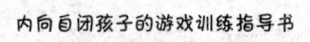

这个游戏再简单不过了，就是拿一个1元的硬币，让孩子选择一面（正面或反面），然后让孩子丢这个硬币，如果孩子选中了，就代表赢了。赢了就可以获得胜利者称号，并可以大声说："我是胜利者。"

如果没选中，就需要跳一段能展现失败的舞蹈，但是在跳完之后，要喊一个口号："这没什么，我可以再做一次！"

这个游戏有两个亮点，第一是能快速分出胜负；第二是有抗挫折口号。

孩子能够快速地经历输赢，让孩子明白输赢乃人生的常事，即使输了，也不用担心，这是暂时的，总有机会可以赢回来。孩子面对挫折，也就更能坦然面对。

训练指南

对孩子进行耐挫折教育，家长还必须认识到爱孩子应该有理智地爱，不能迁就他。在生活中，很多父母对孩子嘘寒问暖，不让孩子受一点点委屈，这是爱孩子的表现，但过度的关爱和保护，会让孩子失去许多动手的机会，接受困难的机会便很少，其生活经验也会更少。孩子在过多的关爱中形成了依

赖思想，把自己定位在"弱者"这一位置上，当遇到什么困难时，首先想到的便是成人，而没有自己克服的意识和勇气。所以，提升孩子面对挫折的情绪管理能力，有助于培养孩子有勇气去承担失败，也更有勇气在失败中崛起。

假笑游戏：逆转孩子的低落情绪

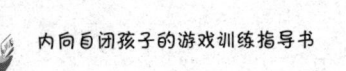

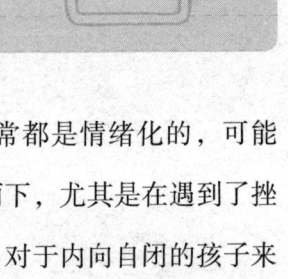

作为家长，我们都知道，孩子通常都是情绪化的，可能上一秒还开心地大笑，下一秒就泪如雨下，尤其是在遇到了挫折以后，他们更容易情绪低落。另外，对于内向自闭的孩子来说，他们并不善于向他人倾诉心情，消极情绪一旦郁结于心，对孩子的心理成长大为不利。那么，我们该如何帮助孩子找回快乐？我们可以用一个游戏来逆转孩子现在的低落情绪：假笑游戏。

游戏准备

一面镜子。

操作方法

（1）爸爸或者妈妈与孩子面对面站着。

（2）然后对着彼此微笑，即使不想笑，也装作笑。

这个游戏看起来会很荒谬，越是荒谬越好，这样会激发笑点，而且假笑久了，孩子会真的开心起来。如果现在不开心，也可以做开心的表情，相信过一段时间后大家就会有愉快的感觉了。

训练指南

心理学家普遍认为除非人们能改变自己的情绪，否则通常不会改变行为。那么，该如何"伪装"出好心情呢？最常见的一个办法就是，当你在生气的时候，可以找一面镜子，对着镜子努力做出笑容来，持续几分钟之后，你的心情果真会变得好起来。这种方法叫作"假笑疗法"。

实验证明，这种方法很有效果。每天早上，如果你能先假笑，那么，接下来的一整天，你都会有好心情。

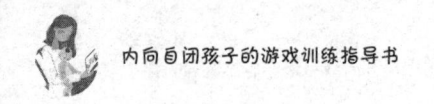

爬山游戏：磨炼孩子的意志力

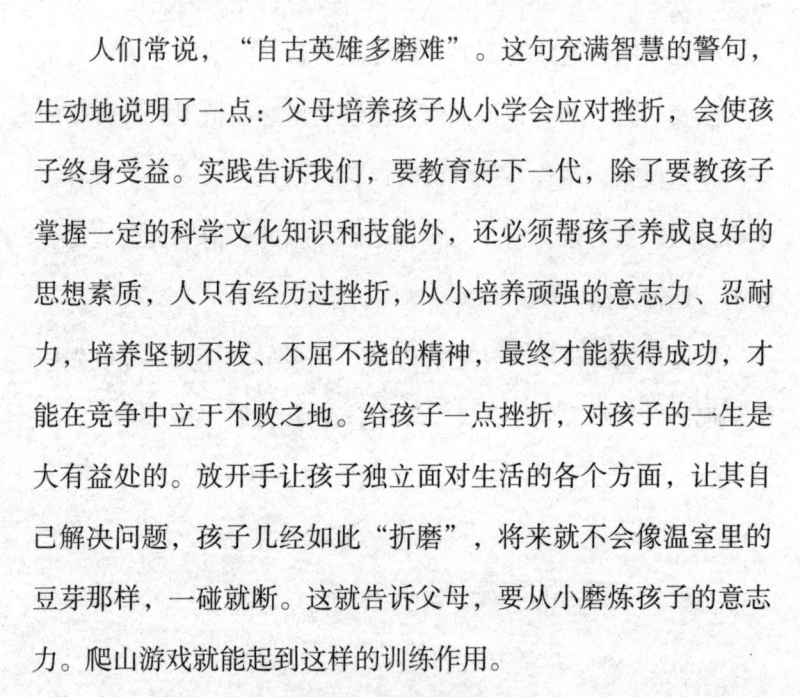

人们常说，"自古英雄多磨难"。这句充满智慧的警句，生动地说明了一点：父母培养孩子从小学会应对挫折，会使孩子终身受益。实践告诉我们，要教育好下一代，除了要教孩子掌握一定的科学文化知识和技能外，还必须帮孩子养成良好的思想素质，人只有经历过挫折，从小培养顽强的意志力、忍耐力，培养坚韧不拔、不屈不挠的精神，最终才能获得成功，才能在竞争中立于不败之地。给孩子一点挫折，对孩子的一生是大有益处的。放开手让孩子独立面对生活的各个方面，让其自己解决问题，孩子几经如此"折磨"，将来就不会像温室里的豆芽那样，一碰就断。这就告诉父母，要从小磨炼孩子的意志力。爬山游戏就能起到这样的训练作用。

这个游戏可以训练孩子的爬行和翻越能力，促进大脑的发育。攀爬的过程不仅是对体质的训练，更是对意志力的磨炼。

游戏准备

这一游戏可以在地毯上或床上进行,要选择孩子乐于运动时。

操作方法

(1)家长俯卧在床上,将腰部略微拱起,扮演"山"的角色,然后让年幼的孩子在家长的腿部和背部爬上爬下。

(2)在孩子爬行了几次后,家长可以改变俯卧的姿势,将手臂支撑在床上,膝部跪下,使身体抬高,引导孩子从家长腿部向背部爬行。

(3)当孩子爬到家长背部,将双臂绕在家长的颈部后,家长背着孩子来回爬行,然后将孩子从背上滑到床上。

也可以这样玩:在家中准备一块较大的活动场地,让家长和孩子比赛,看谁爬得快。游戏过程中,家长要注意避免孩子摔到地上。

训练指南

父母作为孩子的第一任老师,无论你对孩子的期望有多大,希望孩子将来从事什么样的职业,现下我们都应该帮助孩子学会面对挫折和困难，而不应该一味地宠溺孩子，不让孩子经受一点风浪，这看似是爱孩子，实际上是害孩子，只能让他们长大后陷于平庸和无能。而同样，家长还要考虑到孩子还有一定的依赖性，对孩子放手固然正确，但要适度，孩子对挫折的承受能力有限，孩子在受挫时，家长要给予理解和支持，可以说：跌倒了，自己爬起来。这就给了孩子一种能力的肯定，此时的挫折教育才是有意义的。

父母要想让孩子在充满竞争的社会中立足，必须从小对孩子进行挫折教育，培养他们坚韧不拔的意志和毅力，教会他们敢于面对挫折，不怕失败，跌倒了自己爬起来，勇于接受艰难困苦的磨炼，这也是父母应尽的义务和责任。

搭积木：提升孩子的抗挫折能力

搭积木是日常生活中很多父母带领孩子一起玩的游戏，积木是开发孩子智力的好玩具。这里所说的积木不但指可以搭高的木块，还包括了各种可以组装排列的玩具。积木可以增加孩子的空间智能，丰富孩子的想象力，促进孩子创造性思维的发展……最终，在不断重建积木的过程中，孩子的意志力和解决问题的能力得到了提升，但不是所有的孩子都能玩好积木。该怎么样引导孩子，何时给孩子以适当的帮助，这是家长们最感兴趣的。

游戏准备

积木。

操作方法

日常生活中家长可以经常与孩子一起搭积木。作品搭建完

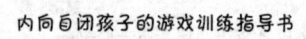

成之后，家长们可以先给孩子示例介绍自己的作品。比如你搭的是什么东西，这个东西有什么功能等，随后让孩子模仿着介绍自己的作品。

训练指南

不同年龄的孩子需要和适合的积木是不同的，这是家长在选购积木的时候首先要考虑的问题。如何挑选符合孩子年龄的积木？主要看两个方面：一个是安全性，包括积木大小和积木材质；另一个是适用性，主要是考虑到孩子的喜好和所需的技能。

以下是选购积木玩具的小贴士：

（1）用手摸一摸积木的边缘是否圆润平滑无毛刺，以免扎伤孩子。

（2）闻一闻积木的气味，如有刺激性气味则可能含有有害物质。

（3）看看是否掉漆，孩子有时会啃咬积木，容易掉漆的积木不安全。

（4）建议从正规渠道购买有信誉保证的品牌产品，注意查看包装外盒是否有完整的厂家信息和3C认证标志。

只要是安全的产品，无论是塑料还是实木、原色还是彩色

第07章
儿童耐挫力提升游戏：培养意志坚强的孩子

都可以放心购买，关键是根据孩子的年龄阶段来进行选择，最大限度地给孩子提供他喜爱并有用的积木玩具。

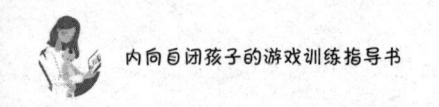

滑板游戏：培养孩子的抗击打心态和探索精神

大多数孩子都非常喜欢玩滑板车，而且乐此不疲。小区里到处可见玩滑板车的孩子，有的带扶手，有的没有扶手，有的是双脚玩的，有的单脚玩。总之，各式各样的滑板车似乎成了孩子们的最爱。当孩子在玩滑板车时，由于速度以及惯性的原因，会引起头部位置的不断改变，从而有利于孩子前庭器官的发育，玩滑板车也能锻炼孩子的平衡能力和应变能力，还有利于开发孩子的探索欲以及冒险精神。另外，孩子在玩滑板车的过程中，会增强呼吸运动功能和心脏的收缩功能，提高孩子的肺活量以及心脏的抗压能力，从而在一定程度上改善心肺功能，促进呼吸系统和心血管系统的发育。最重要的是，孩子一开始在训练自己平衡能力的过程中，可能会经常摔倒，家长要鼓励孩子，这对于训练孩子的抗击打能力很有帮助。

游戏准备

滑板。

操作方法

父母要告诉孩子几个练习滑板的步骤：

练滑行时要将重心放到固定在滑板上的那只脚上，身体稍微前倾，多练习几次后会很稳。

如果是训练转弯，那么，已经习惯用哪只脚撑滑地面，就将那只脚放在板尾翘起处施加压力，练习时其中一只脚需要微微抬起，此时，滑板的一头会翘起，用手和身体做适当的旋转。

停止这一活动，最常见的就是先减速然后直接停下来，拿起板子，或用平常撑滑地面的那只脚的脚跟摩擦地面使速度慢下来。

训练指南

滑板车是一种灵活性很强的玩具。虽然孩子的求知欲和探索欲是无穷的，但他们的胆量也并不是天生带来的，只有通过不断地尝试，不断地失败，他们才能学会最初的单一动作和后来的跳跃、滑翔等稍复杂的动作。玩滑板能使孩子的探索欲得到很大的满足，意志力与胆量也相应得到了很大的锻炼，进而也有利于提高孩子的冒险精神。所以玩滑板的孩子在碰到突发事件时，也会显得比其他的孩子更加冷静。不过，这一游戏适合一些年龄较大的孩子，年幼的孩子玩滑板可能会导致摔伤。父母让孩子玩滑板时一定要注意选择车辆、行人较少的地点，注意让孩子佩戴安全帽、护膝、护腕等。

参考文献

[1] 穆尔.与自闭症儿童一起做游戏[M].昝飞,译.北京:中国轻工业出版社,2016.

[2] 罗杰斯.儿童自信心培养游戏[M].南京:南京师范大学出版社,2015.

[3] 维罗尼克·孔罗,克里斯特尔·梅娜娜,奥雷利·古埃尔.0~3岁宝宝启蒙期100个亲子早教游戏[M].刘依凡,译.长春:吉林出版集团股份有限公司,2016.

[4] 夏秀英.陪孩子玩到入园[M].北京:中国妇女出版社,2019.